현명한 투자자
해제

한국 주식시장에서도 증명된
벤저민 그레이엄 이론

현명한 투자자
THE INTELLIGENT INVESTOR

신진오 지음

개정판

해 제

국일 증권경제연구소

차례

들어가며 ·· 6
    현명한 ·· 13
    저술 목적 ·· 16

1장   투자 원칙 ·· 20
    투기의 유혹 ·· 25
    청춘의 투자학 ·· 29
    오너 마인드 ·· 33
    투자 조언 ·· 35
    투자 철학 ·· 36

2장   PER과 적정주가 ··· 40
    경상PER ·· 46
    평균PER ·· 50
    정상PER ·· 67
    적정주가 ·· 71
    적정PER ·· 78

3장   안전마진과 RIM ··· 82
    일드갭 ·· 87
    가격 스프레드 ·· 90
    투자자의 실수 ·· 97
    RIM ·· 100
    적정PBR ·· 103

4장   종목선정 ·· 106
    방어적 투자자에게 추천하는 채권 ··························· 111
    한국의 방어적 투자자에게 추천할 만한 채권 ········· 113
    방어적 투자자에게 추천하는 주식 ··························· 117
    한국의 방어적 투자자에게 추천할 만한 주식 ········· 122
    적극적 투자자에게 추천하는 채권 ··························· 123
    한국의 적극적 투자자에게 추천할 만한 채권 ········· 133

	적극적 투자자에게 추천하는 주식	134
	한국의 적극적 투자자에게 추천할 만한 주식	137

5장 퀀트 … 140
    NCAV 전략 … 146
    그레이엄의 마지막 선물 … 150

6장 포트폴리오 … 154
    벤치마크 … 163
    시가총액가중 포트폴리오[1] … 166
    동일비중 포트폴리오[1] … 172
    가치가중 포트폴리오[1] … 177
    시가총액가중 포트폴리오[2] … 182
    동일비중 포트폴리오[2] … 186
    가치가중 포트폴리오[2] … 188

7장 자산배분 … 190
    매입보유법 … 198
    정률투자법 … 200
    변율투자법 … 205
    정액매수 적립식 … 213
    벤치마크(국제) … 217
    정률투자법(국제) … 221
    FED(국내) 모형 … 226
    FED(국제) 모형 … 231
    전략적 가치투자[1] … 234
    전략적 가치투자[2] … 236
    전략적 가치투자[3] … 238

마치며 … 242

벤저민 그레이엄의 생애 요약 … 248

참고도서 … 250

색인 … 256

들어 가며

들어가며

벤저민 그레이엄$^{Benjamin\ Graham}$은 '가치투자의 아버지' 또는 '월스트리트의 스승'으로 알려져 있다. 컬럼비아 경영대학원 조교수 데이비드 도드$^{David\ Dodd}$는 그레이엄의 강의가 개설되자 수강하기도 했다. 그레이엄이 강의 내용을 정리하여 본문을 쓰고, 데이비드 도드가 기획서와 참고문헌을 확인하며 표를 작성해서 1934년에 《증권분석》을 출간했다. 이 덕분에 데이비드 도드는 《증권분석》의 공동저자로 인정받게 되었다. 《증권분석》은 대학원생에게 강의한 내용이기 때문에 일반 투자자로서는 이해하기 어려운 면이 있다.

윌리엄 번스타인$^{William\ Bernstein}$은 《투자의 네 기둥》에서 그레이엄의 감정을 자신에게 이입하며 이렇게 말했다. "질풍노도와 같았던 1920년대의 대강세장과 그 이후의 시장 붕괴를 겪고 난 뒤 벤저민 그레이엄은 깊은 혼란에 빠졌다. 어떻게 그 많은 사람들이 그렇게 오랜 세월 동안 완전히 틀릴 수 있는가? 대혼란이 다 지나갔는데도 왜 합리적인 투자자들마저 다시 주식을 매수하지 않는 걸까? 만약 이들이 다시 주식을 산다면 어떤 기준으로 종목을 선택해야 할까? 그레이엄은 이런 질문에 대한 해답을 찾으며 《증권분석》을 집필했다. 이 책에서 그레이엄은 무엇이 잘못되었는지에 대해 기술한 뒤 합리적인 투자자라면 앞으로 어떤 식으로 주식과 채권에 투자를 해야 할 것인지 설명했다."

조엘 그린블라트Joel Greenblatt는 《주식시장을 이기는 작은 책》에서 그레이엄이 《증권분석》을 집필하던 당시의 상황에 대해 이렇게 설명했다. "그레이엄의 공식은 많은 주식들이 값이 싸게 매겨지던 시대에 만들어졌다. 1929년의 주식시장 붕괴와 그 뒤를 이은 대공황 이후 몇 십 년 동안, 주식투자는 극히 리스크가 높은 일로 간주되었다. 그래서 투자자들은 대개 또 다시 돈을 잃을까 두려워 주식에 높은 가치를 매기기를 꺼려했다."

이렇게 그레이엄이 활동하던 당시에는 대공황을 거치면서 부도가 나는 기업도 많았던 만큼 주식투자는 위험하다는 편견이 지배적이었다. 따라서 주식투자는 투기꾼들이나 하는 도박으로 치부되기 일쑤였다. 이미 성공한 투자자였던 그레이엄이 굳이 강의를 진행한 이유는 본인이 강의하는 것을 좋아했기 때문이기도 하겠지만 "건전하게 접근하면 주식투자도 안전하다"는 메시지를 주고 싶었기 때문일지도 모른다. 그레이엄의 회고록 《벤저민 그레이엄》을 참조하면, 《현명한 투자자》의 부제는 '현실적인 조언을 주는 책 A Book of Practical Counsel'이었다. 한마디로 '실전 매뉴얼'인 셈이다.

어빙 칸Irving Kahn과 로버트 밀른Robert Milne이 쓴 《재무분석의 아버지, 벤저민 그레이엄》을 참조하면, 1976년 3월에 하트만 버틀러$^{Hartman\ Butler}$ 2세가 그레이엄을 인터뷰하는 중에 투자를 시작하는 젊은이들에게 조언을 부탁하자 그레이엄은 이렇게 대답했다. "나는《증권분석》보다《현명한 투자자》가 더 유용한 책이라고 생각합니다.《현명한 투자자》에서는 유리해 보이는 기법을 선택해서 일관되게 고수하라고 추천합니다. 여러 해 전 월스트리트에서 일을 시작한 조카가 찾아와서 내게 조언을 구했습니다. 그래서 매월 일정 금액을 매수하는 '정액매수 적립식'을 해보라고 권했습니다. 건전한 투자로 시작하면 절반은 성공한 셈입니다." 그레이엄 본인이《증권분석》보다《현명한 투자자》를 더욱 추천했다는 사실은 흥미로운 이야기라고 할 수 있다.

이렇게 일반 투자자도 안심하고 주식투자를 할 수 있도록 권유하기 위해 1949년에《현명한 투자자》초판을 출간했다. 이후 추가로 보완하고, 논평이 첨부되면서 1954, 1959, 1965, 1973년에 개정판이 출간되었다. 여기서는 1965년 개정판을 〈개정3판〉, 1973년 개정판을 〈개정4판〉이라고 부르겠다.

워런 버핏$^{Warren\ Buffett}$은 〈개정4판〉의 추천사에서 '이 책이 모든 투자 서적 중에서 가장 훌륭한 책'이라고 격찬하고 있다. 롤프 모리엔$^{Rolf\ Morrien}$과 하인츠 핀켈라우$^{Heinz\ Vinkelau}$가 쓴《워런 버핏》을 참조하면, 차트 분석에 심취해 있던 20세 청년 버핏은 오마하의 도서관에서 우연히《현명한 투자자》를 발견했는데, 당시 상황을 이렇게 회상했다. "나는 광신도가 되려는 마음은 없었다. 그런데 이 책은 마치 초현실적인 종교처럼 나를 사로잡았다." 한때 버핏의 룸메이트였고 나중에 매형이 된 트루먼 우드$^{Truman\ Wood}$는 "버핏은 마치 신을 영접한 듯했다"라고 말하며 그가 얼마나 이 책에 푹 빠져 있었는지 회고했다. 버핏은《현명한 투자자》에서 감명을 받은 나머지 그레이엄의 강의를 직접 듣기 위해 컬럼비아 대학원에 진학했다.

대니얼 피컷Danial Pecaut과 코리 렌Corey Wrenn이 공저한 《워런 버핏 라이브》를 참조하면, 버핏은 2007년 버크셔 해서웨이Berkshire Hathaway 주주총회 Q&A에서 새로 투자를 시작하는 사람에게 조언을 부탁한다는 질문을 받고 이렇게 대답했다. "나는 19세에 《현명한 투자자》를 읽었습니다. 나는 76세인 지금도 그 책에서 배운 '사고 프로세스'로 투자하고 있습니다. 나는 지금도 눈에 보이는 책은 모조리 열정적으로 읽고 있습니다."

그리고 버핏은 1997년 버크셔 해서웨이 주주총회 Q&A에서는 그레이엄이 자신에게 어떤 영향을 미쳤냐는 질문에 이렇게 답했다. "나는 경영대학원에서 그레이엄으로부터 세 가지 기본 아이디어를 배웠습니다. 주식은 기업의 일부로 보아야 하고, 시장을 보는 적절한 관점을 유지해야 하며, 적정 안전마진을 확보해야 한다는 것입니다. 모두 그레이엄으로부터 직접 배운 내용입니다."

또 워런 버핏과 리처드 코너스Richard J. Connors가 지은 《워런 버핏 바이블》을 참조하면, 버핏은 2013년 주주서한에서 《현명한 투자자》에 대한 소회를 이렇게 밝히고 있다. "나의 투자에 대한 생각 대부분은 1949년에 산 그레이엄의 저서 《현명한 투자자》에서 배운 것입니다. 이 책을 만나고 나서 내 인생이 달라졌습니다. 나는 이 책을 읽기 전에는 투자의 세계에서 방황하면서 투자에 관한 글을 닥치는 대로 읽었습니다. 차트에 손대기도 하고, 시장 지표를 이용해서 주가 흐름을 예측하기도 했습니다. 증권사 객장에 앉아 시세 테이프가 찍혀 나오는 모습을 지켜보기도 하고, 해설자 말에 귀를 기울이기도 했습니다. 모두 재미있었지만 아무 성과도 없었습니다. 반면에 이 책은 (그리스 문자나 복잡한 공식도 없이) 아이디어를 우아하면서도 이해하기 쉬운 산문으로 논리 정연하게 설명해주었습니다. 이 핵심 포인트가 오늘날 나의 투자 판단을 이끌어주고 있습니다." 이 책을 읽는 독자 여러분의 인생 책은 무엇인지요?

초보 투자자에게 추천할 만한 투자 서적으로 《현명한 투자자》는 압도적으로 손꼽히는 책이다. 그럼에도 불구하고 제대로 완독한 한국 독자가 많지 않다는 점은 놀라운 사실이다. 마크 트웨인Mark Twain은 이렇게 말했다. "고전이란 누구나 읽어야 하는 책이라고 하면서도 아무도 읽지 않는 책이다."

너무 오래 전의 미국 기업의 사례, 다소 난해한 그레이엄 특유의 문체, 현대 투자 용어로 정리되기 이전 버전의 어색한 용어들이 완독을 힘들게 했다. 게다가 이해를 돕기 위해 제이슨 츠바이크Jason Zweig가 정성을 다해 주석을 달았지만, 의도와는 달리 독자들은 그레이엄과 츠바이크의 말을 헷갈려했고 더욱 이해하기 어려워 하기도 했다.

흔히 주식투자에 관한 책은 시간이 지나면 유효성을 잃는 경우가 많다. 아무리 좋은 내용이라도 한때의 유행에 지나지 않는다면 그것은 이론이 아니라 테마일 뿐이다. 그래서 시간이 지나도 그레이엄이 주장하는 내용이 지금도 유효한지 검증해보아야 한다. 즉 그때는 맞고 지금은 틀리면 안 된다. 그래야 《현명한 투자자》가 진정한 고전이 될 수 있다. 그러기 위해서는 그레이엄이 전하려고 했던 메시지가 무엇이었는지 명확하게 이해할 필요가 있다.

현명한

그레이엄은 이 책의 제목으로 정할 정도로 '현명한' 투자자가 되라고 권하고 있다. 그렇다면 그레이엄이 생각하는 '현명한' 투자자란 도대체 어떤 사람을 말하는지 확인해 볼 필요가 있다. '현명한'이라면 영어로 'Wise'가 가장 먼저 떠오른다. 그런데 원서의 제목은 'The Wise Investor'가 아니다. 바로 'The Intelligent Investor'다. 이 말이 새삼스럽게 느껴지는 독자라면 지금까지 이 책을 제대로 이해하지 못했다는 증거다.

그렇다면 'Intelligent'가 무슨 의미일까? 사전을 참조하면 '총명한, 똑똑한, 지능이 있는, 지능적인' 등이다. 지능지수는 영어로 'IQ$^{\text{Intelligence Quotient}}$'다. 한마디로 그레이엄은 "주식투자를 잘 하려면 머리를 쓰라"고 권한 것이다. 현명하거나 지혜롭다는 의미가 결코 아니다. 오랜 주식투자 경험을 통해 깊은 내공을 쌓은 그레이엄이 투자의 지혜를 전달해 주겠다는 의미도 결코 아니다. 그레이엄의 의도를 알아챌 수 있는 글을 소개한다.

> 투자자가 추구하는 수익률은 오히려 투자자가 얼마나 많은 노력을 기울일 수 있는지에 따라 달라져야 한다고 생각한다. 더 안전하고 싶고 덜 신경 쓰고 싶은 방어적 투자자에게는 최소 수익률이 돌아가야 한다. 반면 능력과 기술을 최대한 발휘하는 민첩하고 공격적인 투자자는 최고의 수익을 실현할 수 있다.
>
> 예전처럼 투자와 투기가 명확히 구분된다면, 영리하고 노련한 투자자들은 경솔하고 불쌍한 투기꾼에게 높은 가격에 주식을 팔았다가 나중에 낮은 가격에 다시 사는 기회가 있을 것이다.(4장)

그러나 지난 20년간의 경험으로 비추어볼 때, 유감스럽게도 기계적 공식을 통한 매매 방법, 즉 포뮬러 기법은 잘 맞지 않는 것으로 판명되었다. 시장의 등락만 보고 의미 있는 수익을 내기 위해서는 특별한 재능, 즉 트레이딩에 대한 '감각'이 필요하다. 이러한 감각은 내가 독자들에게 기대하는 현명함과는 다른 차원의 문제이며, 그러한 재능에 기반한 매매는 논외로 한다.(7장)

실제로 예로부터 '영리한 투자자'라고 하면 '모두가 매도하는 약세장에서 매수하고, 모두가 매수하는 강세장에서 매도하는 사람'을 일컫는 말이었다.(8장)

하지만 워런 버핏은 약간 다른 뉘앙스로 말했다.

성공적인 투자를 위해 뛰어난 지능지수나 사업적 직관 또는 특별한 정보 같은 것은 필요하지 않다. 가장 필요한 것은 의사결정을 하는 건전하고 지적인 사고와 흔들리지 않는 감정 조절 능력이다.(버핏 서문)

대니얼 피컷과 코리 렌이 공저한 《워런 버핏 라이브》를 참조하면, 버핏은 2016년 버크셔 해서웨이 주주총회 Q&A에서 IQ에 대해 언급했다. "투자에 다른 활동보다 더 높은 IQ가 필요한 것은 아닙니다. 그래도 감정 조절은 필요합니다. 매우 똑똑한 사람인데도 불필요한 위험을 떠안는 어리석은 짓을 하기도 하더군요. 이런저런 자멸행위를 되풀이하는 사람이 많습니다. 천재까지는 필요 없지만, 자멸행위는 하지 말아야 합니다."

버핏은 2006년 버크셔 해서웨이 주주총회 Q&A에서 IQ에 대해 이렇게도 말했다. "투자자는 IQ가 높을 필요도 없고 아주 똑똑할 필요도 없습니다. LTCM^(Long-Term Capital Management) (롱텀캐피털 매니지먼트) 사람과 2002년 정크본드^(Junk Bond)에 투자한 사람을 보면 알 수 있습니다. 모두가 겁에 질려 얼어붙었을 때 과감하게 행동에 나서는 확신만 있으면 됩니다. 감정을 따르지 말고 이성을 따라야 한다는 사실은 누구나 알고 있지만, 모두가 이성을 따를 수 있는 것은 아닙니다."

키스 스타노비치^(Keith Stanovich)는 인지능력을 수학적 사고능력을 의미하는 'IQ^(Intelligence Quotient)(지능지수)'와 합리적 사고능력을 의미하는 'RQ^(Rationality Quotient)(이성지수)'로 구분하고 있다.(뉴욕타임스 2016.09.16) 키스 스타노비치의 정의를 이해하고 버핏이 말한 것은 아니겠지만, 수학 실력이 투자 성공을 보장하지는 않는다는 의미 정도로 이해하면 좋을 것 같다.

크리스토퍼 브라운^(Christopher Browne)은 《가치투자의 비밀》에서 중요한 것은 IQ가 아니라 기질과 심리라고 말했다. "투자자들이 역사상 가장 우수한 투자전략으로 증명된 가치투자의 원칙을 따르지 않는 것, 그래서 가장 성공한 투자자 또는 펀드매니저가 되는 기회를 놓쳐버리는 원인은 IQ 때문이 아니라 기질과 심리 때문이다. 군중심리를 거스르는 역발상 투자를 하면 대다수 펀드매니저를 따라갈 때보다 평판과 경력에 흠집이 날 위험이 훨씬 커진다. 가치투자를 실천하려면 대중들과 반대 방향으로 나아갈 수 있는 의지가 필요하다. 때로는 멍청하다고 손가락질을 당하는 위험까지 감수해야 한다."

계기가 어찌되었든 국내에서는 '현명한 투자자'로 번역되어 출간되면서, 그레이엄이 본래 생각한 의도와 약간 다르게 철학적이고 사변적인 의미를 가지게 되었다고 생각한다. 하지만 이제 와서 억지로 제목을 바로잡을 필요까지는 없을 것 같다. 이미 투자자들에게 익숙해진 이 제목을 이제 와서 다르게 부른다면 오히려 더 어색할지도 모르기 때문이다. 구체적으로 그레이엄이 어떻게 머리를 쓰라고 했는지 이해하면 그것으로 충분할 것이다.

한편 마크 뷰캐넌 Mark Buchanan은《우발과 패턴》에서 미국의 철학자이자 심리학자인 윌리엄 제임스 William James를 인용하며 '현명함'에 대해 이렇게 말했다. "현명하다는 것은 무엇을 무시해야 하는지 아는 것이다." 같은 맥락에서 그레이엄도《현명한 투자자》에서 '무엇을 채택해야 하는지, 즉 채택법 Positive Approach'보다는 '무엇을 배제해야 하는지, 즉 배제법 Negative Approach'이라는 관점으로 투자할 종목을 선정하라고 조언하고 있다.

저술 목적

그레이엄은 서문에서《현명한 투자자》의 저술 목적에 대해 이렇게 밝히고 있다.

이 책을 쓴 목적은 일반투자자가 효과적인 투자 전략을 수립하고 실행하도록 유용한 지침을 제공하는 데 있다. 따라서 이 책에서는 유가증권을 분석하는 기법보다는 투자자로서 지켜야 할 투자원칙과 태도를 주로 다룰 것이다.
독자가 중대한 오류를 범할 수 있는 분야를 피하도록 안내하고, 독자가 편안하게 따를 수 있는 전략을 개발하도록 돕는 것이다.(서문)

일반 투자자를 위한 증권분석은 기업 재무제표의 해석에서 시작된다고 생각한다. 나와 내 동료가 쓴 『현명한 투자자의 재무제표 읽는 법 The Interpretation of Financial

Statements』은 그 내용을 다룬 책이다. 여기서 그 책의 내용을 반복할 필요는 없을 것 같다. 우리는 지금 정보와 설명보다는 원칙과 태도에 초점을 맞추고 있기 때문이다.(11장)

그레이엄은 《현명한 투자자》를 투자 전문가가 아니라 평범한 일반 투자자를 위해 썼다. 물론 아주 기초적인 수준의 증권분석을 다루기는 하지만 깊이 있는 내용에 대해서는 설명을 자제하였다. 투자자의 태도나 기질에서 출발하여 궁극적으로는 일반 투자자가 선택하여 실천하기에 손쉬운 투자전략을 제시하는 것으로 마무리된다. 여기서 핵심 키워드는 '투자 전략Investment Strategy'이다. 그러므로 《현명한 투자자》를 읽고 '증권분석Security Analysis'이나, '종목선정Stock Selection'의 기법을 기대한다면 번지수를 잘못 찾은 셈이다.

〈냉장고를 부탁해〉라는 TV 프로그램이 있었다. 대한민국 최고의 셰프Chef들이 유명인의 냉장고에 들어 있는 평범한 재료로 맛있는 음식을 요리하는 컨셉이다. 방송사가 제시한 프로그램의 소개는 이렇다. "대한민국 최고의 셰

• 2014.11.17~2019.11.25 방영된 JTBC 요리 예능 프로그램

프들이 당신의 냉장고를 탈탈 털어드립니다! 처치 곤란! 천덕꾸러기 냉장고 재료의 신분 상승 프로젝트! 냉장고를 여는 순간, 최고의 요리 쇼가 시작된다! 냉장고 주인의 고민을 타파할 푸드 카운셀러Food Counsellor! 토크와 요리가 있는 격조 높은 요리 토크쇼!" 여기서 핵심은 재료가 아니라 셰프의 요리 솜씨에 있다는 점에 주목하라.

크리스토퍼 마이어Christoper Mayer도 《딜메이커처럼 투자하라》에서 재료보다는 요리 솜씨에 주목하라고 말했다. "사업이나 투자가 그처럼 단순한 것만은 아니다. 더 고려해야 할 것들이 있다. 이는 좋은 재료만으로는 좋은 요리가 될 수 없는 것과 마찬가지 이치다. 요리를 맛있게 만들려면 솜씨가 좋아야 한다. 우선 재료를 잘 다룰 줄 알아야 하고, 설령 주방에 사고가 나더라도 이를 마무리하는 능력이 필요하다. 투자는 요리법과 같은 것이다."

문병로 교수는 《메트릭 스튜디오》에서 '종목선정'보다 '운용전략'이 중요하다고 강조한다. "전략은 주식투자에서 아무리 강조해도 지나치지 않다. 어떤 종목을 고르느냐 하는 것 못지않게 중요한 것이 운용전략인데, 일반 투자자들이 가장 미숙한 부분이다. 운용전략은 내재 변동성을 가진 시장에서 현명하게 대응하는 방법을 포함해야 한다. 다시 강조하지만 주식투자는 예측이 아니라 대응의 게임이다."

한국전쟁 당시 인천상륙작전에도 참전했고, 미국 해병대 제27대 사령관이었던 로버트 배로Robert Barrow 장군은 이렇게 말한 적이 있다. "아마추어는 작전을 말하지만, 전문가는 보급을 고민한다.Amateurs talk about tactics, but professionals study logistics." 이 말을 주식투자용으로 패러디하면 이렇다. "아마추어는 매매시

점을 말하지만, 전문가는 비중조절을 고민한다." 군수물자를 움직이는 것은 포트폴리오 비중을 관리하는 리밸런싱과 비슷한 개념이다.

《현명한 투자자》에서는 우량주식과 우량채권으로 포트폴리오를 구성하는 방법에 대해 중점적으로 다루고 있다. 최근에 많은 사람이 관심을 가지는 주식과 채권의 자산배분 Asset Allocation에 대해 논의하고 있는 셈이다. 공식투자법 Formula Plan의 일종인 정률투자법, 변율투자법, 정액매수 적립식도 소개하고 있다. 또 주식수익률과 채권수익률을 비교하면서 비중을 정하는 FED모형 FED Model(연준모형)도 소개하고 있다. 이제부터 그레이엄의 안내를 받아 현명한 투자자가 되어 보자.

1장

투자
원칙

1장

투자 원칙

그레이엄은 증권분석에 앞서 투자 원칙Investment Principle과 투자자의 태도 Investor's Attitude가 더욱 중요하다고 주장한다. 호황기에는 대박을 노리면서 추격 매수를 일삼고, 불황기에는 공포에 질려 손절매Loss Cut를 주저하지 않는 사람들이 많다. 결과적으로 비싸게 매수해서 싸게 매도하는 실수를 저지른다. 탐욕과 공포에 휩싸이지 않으려면 투자 원칙을 지켜야 한다. 그레이엄은 이렇게 강조한다.

> 따라서 이 책에서는 유가증권을 분석하는 기법보다는 투자자로서 지켜야 할 투자 원칙과 태도를 주로 다룰 것이다.
> 독자가 중대한 오류를 범할 수 있는 분야를 피하도록 안내하고, 독자가 편안하게 따를 수 있는 전략을 개발하도록 돕는 것이다. 나는 투자자의 심리에 대해서도 많은 이야기를 할 것이다. 실제로 투자자의 가장 큰 문제이자 최악의 적은 자기 자신일 가능성이 높기 때문이다.(서문)

성공적인 투자자가 되려면 일확천금보다는 작더라도 꾸준하고 확실하게 투자 수익을 거두려고 노력해야 한다. 한마디로 토끼보다는 거북이 스타일이 바람직하다. 공상소설 같은 화려한 성장스토리에 현혹되지 않고, 오로지 재무회계 데이터를 통해서 기업을 분석해야 한다.

주식시장의 분위기에 따라 목표주가 Target Price를 마음대로 바꾸지 말고, 펀더멘털 Fundamental을 근거로 내재가치 Intrinsic Value를 평가할 수 있어야 한다. 군중심리에 휘둘려 뇌동매매를 하는 게 아니라, 내재가치보다 저가에 매수하려고 노력해야 한다.

> 이러한 시장의 변동성에도 불구하고, 내가 강조하는 건전한 투자 원칙에 대한 태도는 변함이 없으며, 이는 1949년 초판 발행 이래로 일관되게 유지되어 온 기조이다. 이 책이 논증과 예시, 경고를 통해 독자들이 투자 결정에 대한 올바른 정신적, 정서적 태도를 스스로 확립하는 데 도움이 되기를 바란다. 이런 태도를 갖는 것이 금융, 회계, 증권시장 제도에 대한 탁월한 지식보다도 돈을 벌고 유지하는 데는 훨씬 더 큰 도움이 될 것이다.(서문)

> 따라서 지금 설명한 전략은 건전하고 성공적인 실행도 가능하지만 쉽게 익힐 수 있는 기술은 아니다.(1장)

이렇게 보수적인 관점을 유지하는 것을 한마디로 '건전한 투자 원칙'이라고 표현할 수 있다. 바둑에서 아마추어 18급이 프로 9단과 대국한다면 결과는 불을 보듯 뻔하다. 프로가 백전백승할 것이다. 그런데 투자 전문가와 일반 투자자가 계급장을 떼고 맞붙는 곳이 주식시장이다. 그렇다면 투자 전문가가 무조건 유리할까? 그레이엄은 기질을 갖추면 일반 투자자도 승산이 있다고 단언한다. 문제는 지식Knowledge이 아니라 기질Temperament 또는 태도Attitude라는 것이다.

존 미하일레비치John Mihaljevic는 《가치투자 실전 매뉴얼》에서 그레이엄 스타일의 투자가 왜 어려운지에 대해 이렇게 설명했다. "그레이엄 스타일의 심층가치 종목만으로 포트폴리오를 구성하면, 특히 포트폴리오의 시장가격이 급락할 때 심각한 불안감을 느끼게 된다. 보유 종목이 모두 휴지조각이 될 것처럼 보인다. 2류 경영진이 운영하는 2류기업들이라서 자산을 탕진할 수도 있기 때문이다. 따라서 심층가치 주식에 투자하려면 대수의 법칙Law of Large Numbers을 믿어야 한다. 지금까지 심층가치 주식이 초과 실적을 기록했고, 장기적으로 우리가 가진 잘 분산된 심층가치 포트폴리오에서 만족스러운 실적이 나올 것이라고 믿어야 한다."

물론 여기서 그레이엄 스타일의 심층가치 종목을 2류기업이라고 단정짓는 점에 대해서는 이의가 있을 수 있다. 하지만 실적이 악화되어 주가가 최저가를 갱신하는 암울한 시점에서는 매수를 꺼리는 것이 인간의 본성일 것이다.

TV토론을 보면 대단히 논리적이고 논쟁에 능한 인사가 있다. 그분을 두고 세간의 평은 뚜렷하게 나뉜다. "어쩌면 저렇게 옳은 소리를 속이 시원하게 잘 하냐"고 좋아하는 사람들도 있고, "옳고 그른 게 중요한 게 아니라 말하는 태도가 정말 싸가지가 없다"고 싫어하는 사람들도 있다. 또 어떤 일에 문제가 발생하면 남자는 해법을 제시하고 여자는 공감을 나눈다고 한다. 경험에 의하면 투자에는 학벌보다 투자자의 관점 즉 '투자관'이 훨씬 중요했다.

펀더멘털에 근거를 두고 역발상 투자Contrarian Investing를 하다 보면, 대중과 다른 관점을 가지고 행동을 해야 한다. 그렇다고 겁먹을 필요는 없다. 다르다는 것이 틀린 게 아니기 때문이다. 투자관이 독립적이라면 남다른 투자 수익을 기대할 수도 있다는 의미로 해석해야 한다.

크리스토퍼 브라운은 《가치투자의 비밀》에서 가치투자의 원칙을 이렇게 정리했다. "가치투자는 단순하다. 기업의 진정한 가치를 따져보라(내재가치), 손해보지 마라(안전마진). 이 두 가지 원칙만 지키면 된다. 주가가 내재가치보다 싸면 투자를 두렵게 만드는 주변의 소문은 모두 무시하고 사라. 반대로 주가가 내재가치보다 높아져 안전마진이 사라지면 주위에서 아무리 좋다고 떠들어도 팔아라. 성공한 투자자들은 모두 대중을 따라가지 않고 과감하게 반대 방향으로 갔다." 이렇게 단순한 원칙만 지킬 수 있다면, 투자에 성공하는 것은 그리 어렵지 않다.

투기의 유혹

경험에 비추어 볼 때 순자산의 몇 배에 달하는 성장주 중에도 좋은 종목이 많지만, 그러한 종목을 매수하는 사람은 주식시장의 변덕과 변동에 지나치게 휘둘리게 된다. 이와는 대조적으로, 예를 들어 공익기업의 주식을 순자산가치 수준에서 매수한 투자자는 주식시장의 동향과 상관없이 항상 건실하게 성장하는 기업의 지분을 합리적인 가격에 취득했다는 기분을 느낄 수 있다. 이러한 방어적인 투자 전략은 고위험 고성장 분야에서의 흥미진진한 모험보다 더 나은 성과를 기대할 수 있다.

더 높은 수익을 얻으려고 투자 전략에 어설픈 지식과 기지를 발휘하다가는 목표 달성은 고사하고 오히려 더 나쁜 결과를 초래할 수도 있다. 대표 종목을 매수해 포트폴리오에 담기만 하면 누구나 시장 평균 수익률과 유사한 성과를 낼 수 있기 때문에 '평균을 이기는 것'은 비교적 쉬운 일처럼 보인다. 그러나 똑똑한 사람들도 실제로 이를 시도했다가 실패하는 경우가 의외로 많다. 경험과 학식이 풍부한 인력을 보유한 대부분의 주식형 펀드조차도 지난 몇 년 동안 시장 수익률보다 높은 성과를 거두지 못했다.

이 책을 집필하면서 나는 이러한 투자에서의 기본적인 함정을 염두에 두었기 때문에 우량등급 채권과 다양한 우량주로 구성된 단순한 포트폴리오의 장점을 특히 강조했다. 모든 투자자가 전문가에게 약간만 도움을 받으면 이러한 포트폴리오를 구성하고 실행할 수 있다. 그러나 이러한 안전하고 합리적인 범위를 벗어나는 모험은 매우 위험하며, 특히 기질에 따라서는 더욱 위험해질 수도 있다. 이러한 모험을 시도하기 전에 투자자는 투자와 투기를 구분하고, 시장 가격과 실질적 가치의 차이점에 대하여 명확히 이해를 하고 있어야 하며, 조언을 구할 때도 이러한 이해를 공유하는 신뢰관계에서 시작해야 한다.

안전마진 원칙에 입각한 공격적 투자는 큰 보상을 기대할 수 있다. 그러나 방어적 투자의 성과를 넘어 이러한 큰 보상을 목표로 하겠다는 결정을 하려면 고도의 자기 객관화가 선행되어야 한다.

건전한 투자 원칙이 대체로 건전한 결과를 낳았다는 사실은 변함없이 지켜져 왔으며 앞으로도 계속 유지될 것이다. 중요한 것은 이러한 확신을 가지고 실천하는 것이다.(서문)

성장주에 투자하면 당장이라도 대박이 터질 것만 같다. 부푼 기대를 갖고 성장주에 투자하면 아마도 놀이공원의 롤러코스터를 탄 것처럼 짜릿한 재미를 맛볼지도 모른다. 현대 투자이론의 핵심인 CAPM^{Capital Asset Pricing Model}(자본자산가격결정모형)에 따르면 위험이 클수록 기대수익도 커진다고 한다.

그런데 이론과는 달리 위험이 큰 성장주에 투자했다고 반드시 커다란 수익이 보장되지 않는다. 오히려 성장률이 낮지만 안정적으로 이익이 발생하는 가치주를 저가에 투자했을 때 기대 이상의 투자 수익을 거두는 경우가 많다. 성장주 투자에 비해 가치주 투자가 높은 수익을 거둔다는 증거는 차고 넘친다.

주가가 저점에서 곧 사상 최대 상승을 앞둔 시점에서 사람들은 주식 매수하는 것을 투기 또는 위험하다는 이유로 꺼려하고, 반대로 과거 경험상 의심의 여지없이 위험한 수준까지 오른 시점에서 주식을 매입하는 대중 전체를 '투자자'로 부른다. 놀라울 일은 아니지만 매우 역설적인 상황이다.(1장)

오랜 경험과 신중한 성향을 가진 사람들에게는 이러한 극적인 변화는 어려움이 임박했다는 분명한 경고로 다가왔다.(3장)

원하지도 않았는데 도움을 주겠다는 천사들이 세상에는 정말 많다. 애널리스트^{Analyst}, 투자상담사, PB$^{Private\ Banker}$, 투자자문회사 등은 직업적으로 투자조언을 하는 사람들이니 논외로 하겠다. 그런데 기자, 교수, 유사자문업자, 유튜버^{YouTuber}, 선후배 심지어 사돈의 팔촌과 이웃사촌까지 나를 성공적인 투자자로 만들지 못해서 난리다.

그분들의 하해와 같은 사랑은 고맙기 그지없지만, 참으로 오지랖이 대단히 넓은 분들이라고 하지 않을 수 없다. 역설적으로 이 분들이 금융위기, 무역갈등, 경기침체 등을 거론하며 주식투자를 조심해야 한다고 이구동성으로 합창할 때가 바로 절호의 투자 기회였던 적이 많았다. 리처드 번스타인$^{Richard\ Bernstein}$은 《소음과 투자》에서 "정보라 불리는 것은 거의 소음이다"라고 일갈하고 있다.

투기는 언제나 사람들을 현혹시키고, 이익이 나는 순간에는 매우 재미있다. 그러나 운을 시험해보고 싶다면 투기를 목적으로 하는 별도의 계좌를 개설해 자금의 일부만 넣고 운용할 것을 권한다. 그 계좌에 넣는 금액은 적을수록 좋다. 또한 만약 그 계좌에서 수익이 발생한다고 하더라도 절대 추가 자금을 넣어서는 안 된다. 오히려 그 순간이 바로 투기계좌에서 돈을 인출해야 할 때이다. 한 계좌에서 투자와 투기를 동시에 하는 것은 절대 피해야 한다. 그런 시도는 아예 생각조차 하지 말아야 한다.(1장)

투기를 하려면 투기임을 알고서 하라. 결국 돈을 잃게 될 것이기 때문에 제한적인 금액만 위험에 노출시키고 이를 투자 계획과 철저히 분리해야 한다.(8장)

아무리 투기가 바람직하지 못하다고 경고해도, 투기에서 즉각적으로 손을 떼는 사람은 많지 않다. 그게 말처럼 쉽다면 그는 인간도 아니다. 인간은 그렇게 이성적으로 완벽한 존재가 아니다. 몸은 간절하게 원하는데, 억지로 욕망을 억누른다면 부작용으로 언젠가 참담한 대가를 치를지도 모른다. 그럴 바에는 차라리 투기를 통제 가능한 영역 안으로 끌고 들어오는 것도 방법이다.

그런 면에서 그레이엄의 제안은 '신(神)의 한 수'다. 투기용 계좌를 공개적으로 당당하게 개설하라. 그리고 일정금액의 한도를 지켜라. 금액은 총자산의 1년치 이자 정도로 제한하는 것이 좋다. 혹시 다 잃어도 나머지 자산의 1년 이자로 회복이 될 테니 말이다. 돈을 벌 생각은 꿈도 꾸지 말고, 그저 값비싼 유료 게임이라고 생각하며 즐겨라. 혹시 운 좋게 돈을 땄다면, 곧바로 수익을 인출하라. 가까운 사람에게 뜻하지 않은 선물을 제공하며 기쁨을 공유하면 더욱 행복할 것이다.

청춘의 투자학

제한된 자산을 가진 많은 똑똑한 젊은이들에게 투자는 아주 매력적인 수단이다. 그들은 투자 수익이 월급보다 훨씬 덜 중요하더라도 저축한 돈으로 현명하고 능동적인 투자를 하고자 한다. 이러한 태도는 매우 긍정적이다. 젊은 자본가가 어릴 때부터 배우고 경험을 쌓는 것은 나중에 큰 장점이 될 것이기 때문이다. 그가 공격적으로 투자하려는 경우, 그는 분명히 실수를 하고 손해도 볼 것이다. 하지만 젊은이들은 그러한 실망에 더 잘 대처하고 그로부터 배울 수 있다. 주식에 투자할 때 초보자는 시장을 능가하기 위해 에너지와 시간을 낭비하지 말 것을 강력히 권한다. 먼저 투자에 익숙해지고 가능한 최소한의 금액으로 주식을 가격과 가치 측면에서 판단하는 방법을 익혀야 한다.(5장)

어른들은 청춘들에게 야망을 가지라고 했다. 하지만 요즘에는 대학교에 주식투자 동아리가 활발할 정도로 청춘들도 투자에 관심이 많다. 여담이지만 주식투자에 호감을 가진 지도교수님을 찾을 수 없어 동아리 개설에 애로가 많다는 이야기를 들은 적도 있다.

청춘들이 사회에 진출해서 보통 사람으로 살아가는 게 여간 어려운 일이 아니다. 주식투자는 합법적인 테두리 안에서 청춘들의 난관을 일거에 극복할 수 있는 강력한 해법으로 보인다. 그래서 투자에 목숨을 건다. 심지어 암호화폐로 한탕을 노리는 청춘들도 많다. 기성세대와는 달리 온라인 세상에 더 익숙하고 자신 있기 때문이다.

어차피 취업도 어려운 마당에 차라리 이판사판으로 전업투자에 도전하기도 한다. 젊은 전업투자자 이주영은 《청춘의 투자학》에서 "스무 살에 주식을 처음 보는 순간부터 사랑에 빠졌다"고 고백한다. 청춘들이 젊음을 담보로 무모한 짓을 저지르고 있다고 비판하는 게 아니다. 다른 대안이 없기 때문임을 말하려는 것이다. 어차피 청춘들이 투자에 관심을 가질 수밖에 없다면, 제대로 배우는 게 중요하다.

버핏은 자신이 성공한 이유를 이렇게 말한다. "남보다 오랫동안 눈덩이Snowball를 굴려왔기 때문이다. 좀 더 일찍 투자를 시작하지 못한 점이 못내 아쉬울 따름이다." 패트릭 오쇼너시Patrick O'Shaughnessy는 《밀레니얼 머니》에서 '젊음이 엣지Edge'라고 강조한다. 하루라도 빨리 시작하여 복리의 마법을 챙기라는 의미다.

취업 고시라는 말이 있을 정도로 취업 자체가 하늘의 별 따기다. 또 직업을 가진다고 해도 자기 힘으로 그럴듯한 집 한 채 장만한다는 것은 거의 불가능하다. 게다가 자녀에게 들어가는 사교육비는 상상을 초월할 정도다. 그래서 '존리의 부자학교' 대표 존 리John Lee는 《엄마, 주식 사주세요》에서 사교육에 쓸 돈으로 차라리 자녀들에게 주식이나 사주라고 권한다.

- 스크린에듀케이션, '워런 버핏의 백만장자 비밀클럽' DVD 출시 (머니투데이 2015.01.21)

대니얼 피컷과 코리 렌이 공저한 《워런 버핏 라이브》를 참조하면, 버핏은 2014년 버크셔 해서웨이 주주총회 Q&A에서 금융 교육에 대한 질문을 받고 이렇게 대답했다. "금융 교육은 빨리 시작할수록 좋습니다! 습관의 힘은 강력하니까요. 금융 문맹 상태에 빠지면 벗어나기 어렵습니다. 나는 어린이에게 금융 교육을 제공하려고 '백만장자 비밀 클럽 Secret Millionaires Club'에 참여하고 있습니다. 나는 어린 시절 집에서 훌륭한 금융 습관을 배웠으므로 운이 좋았습니다. 그러나 어른이 되면 좋은 금융 습관을 익히기가 어렵습니다. 좋은 금융 습관은 정말로 중요합니다." 이제는 정규교육과정에 '투자 과목'이 개설되어야 하는 이유이기도 하다.

나의 관점이 구식이며, 제2의 신시대인 지금은 맞지 않는다고 여겨질지도 모르겠으나, 1920년대를 경험했던 나 같은 사람들은 '성과' 현상을 둘러싼 여러 상황들이 불길하다는 의견을 표명했다. 그 이유는 우선, 이러한 뛰어난 성과를 낸 이들 중 거의 대부분은 30대와 40대의 젊은 남성들이었고, 그들의 금융 경험은 거의 끊임없이 이어진 1948~1968년의 강세장에만 국한되어 있었다. 둘째로, 이들은 종종 '건전한 투자'의 정의를 빠른 시일내에 시장에서 큰 상승이 예상되는 주식을 고르는 것으로 여기는 듯했다. 그들의 매매는 주가에 비해 자산이나 실적의 가치가 한참 못 미치는 신규 상장된 주식에 집중되었다. 이러한 매매는 오직 해당 주식들이 미래에 성과를 낼 것이라는 막연한 기대와, 정보 부족과 탐욕에 사로잡힌 대중의 투기적 열정을 교묘히 이용하겠다는 의도가 결합되었을 때 말고는 있을 수 없는 일이다.
에너지가 넘치는 영리한 사람들, 대개 젊은이들이 '다른 사람들의 돈'으로 기적을 보여주겠다고 장담하는 것은 하루이틀 이야기가 아니다. 이들은 종종 어느 정도 기간 동안 기적을 행하거나, 최소한 행하는 것처럼 보이곤 했지만, 결국 그 피해는 대중이 보게 된다.

'그들은 젊고… 연봉이 백만 달러를 초과하는 사람도 있으며… 새로운 개념의 금융을 선도하며… 시장에 온전히 몰입하면서… 뛰어난 성과를 내는 능력을 지녔다'고 전하고 있다.

하지만 투기 충동이 완전히 사라지거나, 그 충동을 악용하는 행위가 근절되리라 기대하는 것은 무리일 것이다. 현명한 투자자는 이러한 '대중의 미망과 광기'를 이해하고 최대한 거리를 두어야 한다. (9장)

힘들었던 약세장이 마무리되고 슬그머니 강세장의 반전 조짐이 보이는데도 산전수전을 다 겪은 노련한 투자자들은 선뜻 시장을 낙관하지 않는다. 그동안 우여곡절이 많았기 때문이다. 반면에 젊은 사람들은 거침없이 강세에 베팅하며 큰 수익을 거두기도 한다. 아직 제대로 쓴 맛을 보지 않았기 때문이다.

용대리(勇代理)가 다시 시장을 이끌어 줄까? 이달 들어 국내 증시가 조정을 받으며 뚜렷한 주도주가 없는 가운데서도 높은 수익을 내고 있는 용대리들에게 관심이 집중되고 있다. 용대리는 올해 화장품, 바이오주 등을 적극적으로 사들이며 중소형주 장세를 이끈 30대 대리·과장급 펀드매니저, '용감한 대리'를 지칭하는 말이다. (머니투데이 2015.06.17)

자산운용업계에서 활약하고 있는 30대 초반 펀드매니저들의 사표가 봇물을 이루고 있다. 이들의 사표 이유는 '창업'이다. 젊은 나이에 부와 명예를 이룬 스타급 선배 매니저처럼 자신의 이름을 내건 '일가(一家)'를 이뤄보고 싶다는 것이다. 힘들게 키운 후배들의 출가를 보는 선배 매니저들의 심경은 섭섭함 반, 걱정 반이다. (머니투데이 2014.08.10)

이렇게 한국에서도 대리급이 주도하는 '대리 장세(代理 場勢)'가 나타나기도 했다. 당시 대리급들은 여의도 곳곳에서 모임을 가지면서 자신들이 시장을 주도한다고 생각했다. 과감하게 창업한 투자자문사 젊은 대표들은 '차화정(자동차, 화학, 정유)' 등 몇 종목에 집중하는 압축 포트폴리오를 선보이기도 했다. 이들에게서 투자자들이 구입한 것은 지혜가 아니라 용기였다. 하지만 용기가 지나치면 광기로 변질하기 마련이다.

조던 엘렌버그Jordan Ellenberg는 《틀리지 않는 법》에서 젊은이들이 스스로 핫핸드를 가지고 있다고 착각해서 만용을 부리게 된다고 설명한다. "핫핸드Hot Hand란 아주 일시적인 현상으로, 농구의 신(神) 같은 신비로운 존재가 언제 온다 간다 말도 없이 코트에서 뛰는 선수의 몸에 잠깐 깃들어서 짧게나마 영광스러운 시기를 맛보게 하는 것을 뜻한다. 자신이 핫핸드를 가졌다고 믿게 된 선수들은 지나치게 자신만만해진 나머지 시도하지 말았어야 할 슛을 시도하는 것이다. 한마디로 핫핸드는 '스스로를 상쇄하는지도' 모른다."

앤서니 볼턴Anthony Bolton은 《투자의 전설 앤서니 볼턴》에서 태양 곁에 너무 가까이 가려다 날개가 녹아 추락한 이카루스처럼 젊은이의 과욕이 일을 그르칠 수 있다고 경계한다. "잠깐 반짝 성과를 낸 열정적인 젊은이를 믿는 것보다 더 위험한 일은 없다. 나는 이를 이카루스 신드롬Icarus Syndrome이라 부른다. 그는 다음 번 하락장세 때 비참하게 추락사할 것이다. 어려운 시간을 통해 단련된 운용자, 관록 있는 노병을 보고 싶다."

오너 마인드

진정한 투자자는 어쩔 수 없이 주식을 매도해야 하는 상황에 놓이지 않으며, 따라서 현재의 시세를 무시할 수 있다. 그는 오직 자신의 목적에 맞추어 가격을 참고하고, 그 외에는 전혀 신경 쓰지 않아도 된다.

가격이 급락할 때는 현명하게 매수할 기회를 주고, 큰 폭으로 상승할 때는 현명하게 매도할 기회를 준다는 것이다. 그 외의 경우에는 주식시장을 잊고 배당수익과 보유 회사의 경영 실적에 집중하는 것이 더 바람직하다.

투자자와 투기꾼의 차이는 주식시장 변동에 대한 태도에서 극명하게 드러난다. 투기꾼은 시장 변동을 예측해 이익을 얻는 데 관심이 있는 반면, 투자자는 적절한 가격에 적절한 주식을 매수하고 보유하는 데 중점을 둔다. 투자자에게 시장 변동은 낮은 가격대에서는 매수 신호, 높은 가격대는 매수 자제 또는 매도 신호의 의미가 있다.(8장)

진정한 투자자라면 오너^{Owner}(소유주)와 동업자가 되어야 한다. 즉 오너와 같은 관점을 가져야 한다. 사업이 잘 되면 주가가 상승할 것이다. 사업이 잘 되는 데도 불구하고 주식을 매도하는 오너는 없을 것이다. 투자자라면 주식을 절대로 매도해서는 안 된다고 오해하지 마라. 투자에 성공했기 때문에 매도하는 것이 아니라, 투자에 실패했기 때문에 매도해야 한다.

한편 투자자가 오너보다 유리한 면도 있다. 내재가치에 비해 주가가 급락하면 추가로 매수하여 비중을 늘릴 수 있는 기회가 된다. 반대로 내재가치에 비해 주가가 급등하면 일부를 매도하여 비중을 줄일 수 있는 기회가 된다. 투자자는 내재가치를 기준으로 매매 여부를 결정한다.

가장 사업처럼 하는 투자가 가장 현명한 투자다. 놀랍게도 많은 유능한 사업가들이 자신들의 사업에서 성공을 거둔 건전한 원칙을 완전히 무시한 채 월스트리트에 뛰어든다. 그러나 모든 기업이 발행한 증권은 기본적으로 특정기업에 대한 소유권이나 채권으로 간주하는 것이 가장 바람직하다. 증권의 매수와 매도로 수익을 창출하려는 사람은 자신의 독자적인 사업을 시작하는 것과 같으며, 그 사업이 성공할 가능성을 가지려면 반드시 인정된 사업 원칙에 따라 운영되어야 한다.

'자신의 지식과 경험에 대한 용기를 가져라. 사실을 바탕으로 결론을 내렸고 그 판단이 정확하다고 확신한다면, 다른 사람들이 망설이거나 반대하더라도 당신의 판단에 따라 행동하라.' (당신의 의견이 남들과 다르다는 사실 자체는 당신이 옳거나 그르다는 근거가 될 수 없다. 당신의 데이터와 추론이 옳다면 당신은 옳다.) 증권의 세계에서도 충분한 지식과 검증된 판단이 뒷받침 되는 용기 있는 도전은 최고의 미덕이 된다.(20장)

오너와 동업자가 되겠다는 생각으로 사업에 주목할 때 가장 바람직한 투자가 된다. 역으로 투자자라면 이 사업을 어떻게 평가할지 염두에 둘 때 가장 바람직한 사업이 된다. 그런 면에서 버핏은 사업하는 투자자이자, 투자하는 사업가의 전형이라고 할 수 있다.

투자 조언

투자자와 조언자가 일반적인 사업적 또는 직업적 관계에서 만났다면, 투자자는 자신의 지식과 경험이 충분히 쌓여 타인의 권고를 독립적으로 판단할 수 있는 수준에 도달했을 때만 공격적인 제안을 받아들일 수 있다.

주변에 있는 친척이나 친구에게 투자 조언을 받는 경우가 정말 많은데, 나는 이런 관행에 대해서 매우 비판적이다. 조언이 필요한 사람은 항상 조언을 구하는 상대방이 뛰어난 지식이나 경험을 가지고 있다고 믿는다. 그러나 좋은 종목을 고르는 것만큼이나 좋은 조언자를 찾는 것도 어렵다. 공짜라는 이유로 터무니없는 조언이 난무하고 있다.(10장)

생업에 전념해야 하는 일반 투자자에게 투자 조언은 상당히 도움이 된다. 몸이 아플 때 좋은 병원과 의사를 찾아야 하는 것처럼, 투자를 할 때도 좋은 조언자를 만나야 한다. 만나기 쉬운 사람이 아니라, 실력이 있는 사람에게 조언을 구해야 한다. 어느 분야나 마찬가지겠지만, 정말 실력이 있는 사람은 극히 소수다. 그러므로 실력 있는 조언자를 분별하는 선구안을 가져야 한다.

쉽게 만날 수 없는 전문가에게 귀한 시간을 요구하려면 대가를 지불해야 하는 것은 너무나 당연하다. 비록 그 사람이 친구나 친척일지라도 공짜로 조언을 요구해서는 곤란하다. 이는 전문가에 대한 존중이자 예의다. 교통비를 아끼려면 걸어갈 각오를 해야 한다. 반대로 누군가 공짜로 조언을 해준다면 가치가 없거나 오히려 해가 될 가능성이 크다. 공짜가 제일 비싼 법이다.

투자 철학

그렇다면 투자 원칙이란 무엇을 말하는 것일까? 투자 원칙은 다른 말로 투자 철학Investment Philosophy이라고도 한다. 애즈워스 다모다란Aswath Damodaran은 《투자 철학》에서 이렇게 말한다. "투자 철학이란 시장의 작동원리와 투자자들의 실수를 바라보는 일관된 사고방식이다." 자신은 실수를 하지 않으면서, 남의 실수를 활용하려는 생각을 말한다.

인간은 비합리적으로 행동하고, 그런 인간 때문에 시장에는 비효율적인 요소가 존재한다. 이런 관점을 가지고 투자 전략을 수립하는 것을 투자 철학이라고 정의하고 있다. 다시 말하면 투자 철학이 수립되어야 비로소 투자 전략이 가능하다는 것이다.

구체적으로 말하면 포트폴리오를 구성함으로써 투자 철학이 실현된다.

애즈워스 다모다란에 의하면 포트폴리오는 세 가지 작업으로 구성된다. 자산배분, 종목선정, 투자 전략 실행 작업이 그것이다.

프레더릭 반하버비크Frederik Vanhaverbeke는 《초과수익 바이블》에서 대가들의 투자 철학을 분석하여 이렇게 정리했다. "첫째, 투자에 성공하려면 내재가치를 시장보다 더 잘 평가할 수 있어야 한다. 그러려면 독자적인 정보로 시장에서 우위를 차지해야 한다. 독자적인 정보는 스스로 노력해서 획득해야 한다. 둘째, 올바른 사고방식도 필요하다. 대가들은 독립적이고 인내심이 강하다. 독립적이란 일반 통념에 대해서도 질문을 던지고, 군중이 만장일치로 받아들이는 아이디어에 대해서도 비판적이란 뜻이다. 셋째, 대가들은 시장 심리에 휩쓸리지 않는다. 이들은 사람들이 불안해할 때에도 용기를 발휘해 군중과 반대 방향으로 나아간다."

앤서니 볼턴은 《투자의 전설 앤서니 볼턴》에서 말했다. "훌륭한 투자운용자는 자기의 소신대로 하는 사람Their Own Man이다. 독창적으로 생각하는 사람은 통념에 휘둘리지 않으며, 때로 기꺼이 거기에 도전한다. 가장 중요한 점은 그들은 기꺼이 대중을 거슬러 행동하며, 대중의 행동에 영향을 받지 않는다는 것이다. 이 책의 원제인 《Investing against the Tide(시류를 거슬러 투자하라)》는 일반적인 흐름을 거슬러 헤엄치는 데서 행복감, 나아가 보다 큰 편안함을 느끼는 나의 역발상 접근법을 반영한 것이다."

제 4차 산업혁명의 핵심 테마로 자율주행차를 꼽고 있다. 차량을 자율주행하는 것은 지금도 기술적으로 큰 문제가 없다고 한다. 주행 간에도 차량끼리 서로 신호를 주고받으며 얼마든지 충돌을 방지할 수 있기 때문이다. 그런데 결정적인 문제는 인간이라고 한다. 갑자기 도로에 사람이 뛰어드는 사태는 도저히 예측 불가능하다는 것이다.

제 4차 산업혁명의 시대에는 인간이 가장 골치 아픈 오류의 발생원천인 버그가 된다. 인간이 편하자고 벌린 일인데 인간이 걸림돌이 된다는 게 아이러니다. 마찬가지로 주식투자에도 자신의 주관을 버리고 객관적인 시스템을 마련하면 실수를 줄이는데 도움이 된다. 그레이엄은 이런 시스템을 자동항법장치라고 표현하고 있다.

2장

PER과
적정주가

2장

PER과 적정주가

이 장은 상반되는 함의를 가진 두 가지 조언으로 시작할 것이다. 첫째는 한 해의 실적을 심각하게 받아들이지 말라는 것이며, 둘째는 단기 실적에 주목할 경우 EPS의 함정에 주의하라는 것이다.(12장)

투자자들이 가장 많이 사용하는 투자지표가 있다면, 그것은 바로 PER$^{\text{Price Earnings Ratio}}$일 것이다. PER은 Price(주가)를 EPS$^{\text{Earning Per Share}}$(주당순이익)로 나눈 값이다. 발생하는 기업의 이익으로 투자 원금에 해당하는 현재 주가를 몇 년

⟨식 2-1⟩ PER(주가이익배수)

$$PER = \frac{P}{EPS}$$

- P: 주가
- EPS: 주당순이익

만에 회수할 수 있는지를 나타내는 지표다. 이런 의미에서 '회수기간법$^{Payback\ Period\ Method}$'이라고도 한다.

PER을 '주가수익배수' 또는 '주가수익비율'이라고 흔히 부른다. 하지만 엄밀하게 '이익'과 '수익'은 다른 개념이다. 업종에 따라서는 수익을 '매출'과 같은 개념으로 사용하기도 한다. 또 PER의 단위는 '%'가 아니라 '배^{Multiple}'다. 그러므로 '주가이익배수'라고 부르는 편이 가장 바람직하다. 우리말로는 어떻게 부르든 어색하기 때문에 그냥 PER로 부르면 좋을 것 같다.

투자자들은 누구나 투자원금을 빨리 회수하고 싶을 것이기 때문에, PER이 낮은 주식에 투자하는 편이 유리할 것이다. 저PER주에 투자하면 돈을 쉽게 벌 수 있을 것이다. 한전(015760)의 사례를 보면서 알아보기로 하자.

〈표 2-1〉은 한전의 2009~2018년의 PER이다. 유통주식수는 발행주식수에서 자사주(자사주펀드에서 보유한 주식수 포함)를 차감한 수량이다. EPS는 당기순이익을 유통주식수로 나눈 값이다.

〈식 2-2〉 EPS(주당순이익)

$$EPS = \frac{당기순이익}{유통주식수}$$

주가는 한전의 회계연도가 종료되는 12월말에서 3개월 지연된 다음 해

⟨표 2-1⟩ 한전의 PER (2009~2018)

연도	유통주식수 (주)	당기순이익 (백만원)	EPS (원)	주가 (원)	PER (배)	주식수익률 (%)
2009	622,637,717	−77,713	−125	36,550		−0.34%
2010	622,637,717	−1,478,227	−2,374	26,900		−8.83%
2011	623,034,082	−3,514,130	−5,640	22,400		−25.18%
2012	623,034,082	−3,226,597	−5,179	30,300		−17.09%
2013	623,034,082	238,307	382	36,450	95.30	1.05%
2014	641,964,077	1,039,887	1,620	46,000	28.40	3.52%
2015	641,964,077	10,165,653	15,835	60,200	3.80	26.30%
2016	641,964,077	4,261,986	6,639	46,450	7.00	14.29%
2017	641,964,077	1,506,852	2,347	32,850	14.00	7.15%
2018	641,964,077	−1,095,213	−1,706	29,900		−5.71%

- EPS = 당기순이익/유통주식수
- PER = 주가/EPS
- 주식수익률 = EPS/주가

3월말 종가다. 사업보고서 제출이 기준일로부터 최대 3개월 늦게 공시되기 때문이다. PER은 주가를 EPS로 나눈 값인데, EPS가 마이너스일 때의 PER은 의미가 없기 때문에 빈칸으로 처리했다.

주식수익률은 EPS를 주가로 나눈 값이다. 주가만큼의 투자원금을 투자하여 EPS만큼 이익을 얻는다고 볼 때 주식에서 발생하는 수익률을 의미한다. '이익수익률'이라고도 한다.

⟨식 2-3⟩ **주식수익률**(또는 이익수익률)

$$주식수익률 = \frac{EPS}{P}$$

EPS와 주가의 수준이 다르기 때문에 두 개의 축을 사용했다. EPS는 왼쪽의 축, 주가는 오른쪽의 축을 사용한다.

⟨그림 2-1⟩ **한전의 EPS와 주가** (2009~2018)

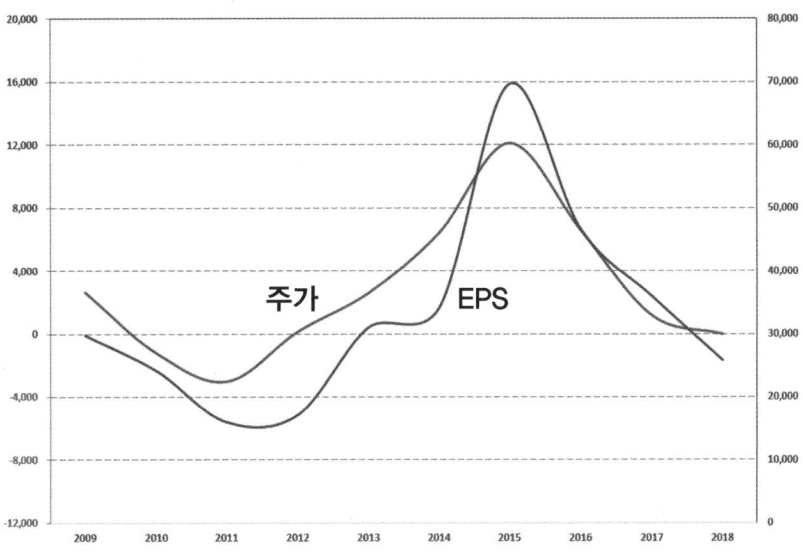

- EPS는 왼쪽 축, 주가는 오른쪽 축

EPS가 15,835로 가장 증가한 2015년에 주가도 60,200원으로 가장 높았다. 그런데 PER은 3.80배로 주가가 비싸지 않은 것처럼 느껴진다. 주식수익률도 26.30%로 이 주식을 보유하기만 해도 높은 수익률을 올릴 수 있을 것만 같다. 그런 야심을 품고 2015년에 60,200원에 매수한 사람은 과연 어떻게 되었을까? 결과는 매우 참담했다. 도대체 왜 그랬을까?

경상PER

한전은 전기를 독점 공급하는 공기업이다. 정치권은 가급적 저렴하게 전기를 공급하여 경제를 활성화하고 국민의 부담을 낮추려고 한다. 왜냐하면 국민의 표를 먹고 사는 것이 정치권의 속성이기 때문이다. 그래서 한전과 같은 공기업에서는 대단한 수익성을 기대하기 힘들다. 그럼에도 불구하고 2015년에 매우 크게 이익이 발생했다는 점을 발견할 수 있다. 왜 그런 일이 발생했는지 아래 기사를 살펴보자.

현대자동차(005380) 그룹이 한국전력의 서울 강남구 삼성동 본사 부지 매각 입찰 낙찰자로 최종 선정됐다. 18일 한국전력과 현대차에 따르면 10조 5500억 원에 현대차가 최종 낙찰자로 선정됐다. 한국전력의 삼성동 부지는 축구장 12개 정도의 크기인 총 79,342㎡ 규모다. 삼성동 한전 부지는 작년말 장부가액 기준 2조 73억 원, 공시지가 기준 1조 4837억 원이었다. 감정가는 3조 3346억 원 수준이다. (조선비즈, 2014.09.18)

한전의 강남 삼성동 본사 부지를 10조 5500억 원에 매각하는 매우 이례적인 사건이 발생한 것이다. 그래서 매각대금이 납입된 2015년에 8조 원 이상의 특별이익이 발생했다. 덕분에 2015년 EPS는 매우 이례적으로 15,835

원까지 급등했고, 주가도 6만 원 이상으로 상승했다.

대체로 기업의 이익이 늘어날수록 주가도 상승하는 게 이치에 맞는 일이다. 그러므로 주가와 EPS는 대체로 비슷하게 움직인다. 이는 〈그림 2-1〉에서도 확인할 수 있다. EPS가 악화되면 주가도 하락하고, EPS가 개선되면 주가도 급등했다. 그런데 문제는 한전의 사례처럼 매우 드물게 발생하는 특별이익에도 EPS만 보고 흥분하여 추격매수한 순진한 투자자가 많았다는 것이다. 물론 평범한 EPS로 회귀하면서 뒤늦게 비싼 가격에 주식을 매수한 투자자들이 크게 손실을 보았다는 점은 안타까운 일이다.

EPS에는 한전의 사례와 같이 아주 드물게 특별한 사유로 발생하는 손익 등이 반영되어 있다. 그것을 특별손익이라고 한다. 그러므로 특별손익이 모두 포함된 EPS만을 근거로 PER을 계산하면 어쩌다 한번 발생하는 특별한 손익인데도 반복적으로 발생될 것처럼 너무 진지하게 받아들이는 셈이 된다. 이에 대해 그레이엄은 이렇게 언급하고 있다.

> 세심한 투자자는 왜 1970년 말 이후에 이러한 특별손실이 유행처럼 나타났는지, 그리고 이전에는 왜 나타나지 않았는지를 궁금할 것이다. 물론 합법적인 테두리 안에서 이루어진 것이겠지만, 회계 처리 과정에서 꼼수가 가미된 것일 수도 있다.
> 이처럼 회사의 보고서에서 손실이 발생한 부분은 모두 일회성 '특별손실'로 처리하고, 수익성 있는 계약이나 영업만을 '근본 EPS'으로 분류한다면, 이는 '화창한 날씨'에만 볼 수 있는 에드워드 7세 시대의 해시계처럼 늘 좋은 실적만 기록될 것이다.
> 아무도 좋은 성과를 기대하지 않는 이 해에 가능한 많은 비용을 떠안고, 다음 몇 년 동안 더 멋진 성과를 보여준다면 더욱 멋진 흐름을 만들어 낼 수 있다. 이것은 훌륭한 회계 처리이자 효과적인 사업 전략이며 경영진과 주주 관계를 개선하는 데에도

도움이 되는 방식일 것이다. 그러나 여전히 미심쩍은 부분이 많다.

과거에는 우량 기업들도 호황기에 이익의 일부를 '비상준비금'으로 적립하여 앞으로 닥칠지 모를 불황기에 대비하곤 했다. 이러한 처리의 근본적인 목적은 이익을 어느 정도 평탄화하고, 기업 경영의 안정성을 높이는 데 있었다.

투자자가 EPS를 중요하게 여긴다면, EPS에 영향을 미칠 수 있는 다양한 회계적 요인에 대해서도 명확히 이해해야 한다. 우리는 이러한 요인 중 세 가지를 언급한 바 있다. 첫째, EPS에 반영되지 않을 수도 있는 특별비용의 사용, 둘째, 과거 손실로 인해 발생하는 정상적인 소득세 감소 효과, 셋째, 전환사채나 신주인수권에 내포되어 있는 희석 요인이다.(12장)

특별손익이란 주요 부동산을 매각하거나 주요 사업부문을 다른 기업에 양도하는 등의 사건으로 인해 일회성으로 발생하는 손익을 말한다. 이런 특별손익은 앞으로 반복될 가능성이 거의 없기 때문에 EPS를 부풀리는 요인이 된다. 따라서 일반적인 상황에서 PER을 보려면 EPS에서 특별손익을 제거하는 편이 도움이 된다.

손익계산서에서 특별손익을 계산하기 이전의 손익을 경상이익$^{Ordinary\ Profit}$이라고 부른다. 경상이익을 유통주식수로 나누면 경상EPS$^{Ordinary\ EPS}$를 구할 수 있다. 주가를 경상EPS로 나누면 경상PER$^{Ordinary\ PER}$을 구할 수 있다.

2000년 전에는 손익계산서에 경상이익이 별도로 공시되고, 경상이익에 특별손익을 더하고 법인세를 차감하여 당기순이익이 표시되었다. 그런데 최근에는 규정이 변경되면서 별도로 경상이익이 공시되지 않고 특별손익은 기타손익이라는 이름으로 변경되었다. 따라서 〈표 2-2〉에 표시된 경상이익은 당기순이익에 기타손익을 차감하고 법인세를 더하여 역산한 수치다.

〈표 2-2〉 한전의 경상PER (2009~2018)

연도	유통주식수 (주)	당기순이익 (백만원)	특별손익 (백만원)	법인세 (백만원)	경상이익 (백만원)	EPS (원)	경상EPS (원)	주가 (원)	PER (배)	경상PER (배)
2009	622,637,717	-77,713	0	-42,727	-120,439	-125	-125	36,550		
2010	622,637,717	-1,478,227	95,278	-438,360	-2,011,865	-2,374	-2,527	26,900		
2011	623,034,082	-3,514,130	134,829	55,165	-3,593,794	-5,640	-5,857	22,400		
2012	623,034,082	-3,226,597	-1,774,553	-1,383,827	-2,835,871	-5,179	-2,331	30,300		
2013	623,034,082	238,307	92,527	-482,229	-336,449	382	234	36,450	95.30	155.78
2014	641,964,077	1,039,887	139,095	221,876	1,122,668	1,620	1,403	46,000	28.40	32.78
2015	641,964,077	10,165,653	8,646,301	3,011,316	4,530,668	15,835	2,367	60,200	3.80	25.44
2016	641,964,077	4,261,986	109,445	1,166,368	5,318,909	6,639	6,468	46,450	7.00	7.18
2017	641,964,077	1,506,852	147,507	645,867	2,005,212	2,347	2,117	32,850	14.00	15.51
2018	641,964,077	-1,095,213	181,580	-739,632	-2,016,425	-1,706	-1,989	29,900		

- 2000년 이후에는 특별손익이 기타손익으로 표시됨
- 경상이익 = 당기순이익 - 특별손익 + 법인세
- 경상EPS = (경상이익 - 법인세) / 유통주식수
- 경상PER = 주가 / 경상EPS

그런데 여기서 주의해야 할 점은 당기순이익과 비교하는 의미로 EPS와 PER을 구하려면 법인세를 다시 차감해 주어야 한다는 것이다. 말하자면 경상EPS는 (경상이익 - 법인세)를 유통주식수로 나눈 값이다. 또 경상PER은 주가를 경상EPS로 나눈 값이다.

2015년에 주목하면, EPS는 15,835원이지만 경상EPS는 2,367원으로 지극히 평범하다. EPS가 증가되었지만 경상EPS는 평범한 수준에 머물러 있었으므로, 주가가 급등하여 60,200원이 되어야 할 이유는 없었던 것이다. 2015년 PER은 3.80배로 주가가 급등했음에도 불구하고 아직도 저평가된 것처럼 보이지만, 경상PER은 25.44배로 주가가 상당히 고평가되어 있음을 알 수 있다. 그러므로 일시적인 특별손익으로 인한 수치에 유혹을 받아 고가에 매수하는 실수를 범하지 않게 된다. 이렇게 경상PER을 구하는 과정이 번거롭기는 하겠지만, 경상PER을 사용하면 특별손익에 의한 왜곡을 피할 수 있다.

평균PER

앙드레 코스톨라니 André Kostolany 는 《돈, 뜨겁게 사랑하고 차갑게 다루어라》에서 주인과 개의 산책 이야기를 들려준다. 개를 끌고 산책을 나온 사람이 있다. 개는 주인을 앞서거니 뒤서거니 하면서 주위를 맴돈다. 미시적으로 보면 주인과 개가 다르게 움직이는 것처럼 보이지만, 거시적으로 보면 결국 개는 주인과 같은 길을 가고 있다. 여기서 펀더멘털이 주인이라면, 주가는 개로 볼 수 있다.

한 마디로 주가는 펀더멘털에 단기적으로 비효율적으로 반응하는 경우

〈그림 2-2〉 주인과 개의 산책

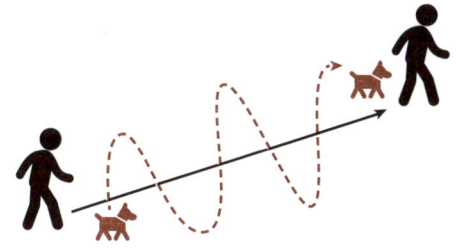

도 있지만, 장기적으로는 효율적으로 반응한다는 것이다. 장기적으로 시장이 효율적이라는 점에 주목한 주장이 효율적 시장 가설 Efficient Market Hypothesis(이하 EMH)이다. 반면에 단기적으로는 주가가 내재가치와 괴리를 보일 수 있다는 점에 주목한 관점이 가치투자 Value Investing 다.

이를 두고 시장이 '자주 Sometimes' 효율적인데도 불구하고 '항상 Always' 효율적이라고 학자들이 잘못 생각하고 있다고 버핏은 지적한다. 유진 파마 Eugene Fama 와 케네스 프렌치 Kenneth French 가 저PBR소형주에 투자하면 초과수익을 올릴 수 있다는 파마-프렌치 모형 Fama-French Model 을 발표했다는 점은 아이러니가 아닐 수 없다. 효율적 시장 가설의 수장 격인 유진 파마가 자진해서 시장에 비효율성이 존재한다는 반증을 제시했기 때문이다.

수익의 변동성이 큰 기업은 실적이 좋은 해에는 상대적으로 가격은 높은 반면 PER은 낮게 거래되는 경향이 있으며, 반대로 실적이 나쁜 해에는 낮은 가격과 높은 PER로 거래된다.
그래도 이러한 주식을 포트폴리오에서 제외하고 싶다면, 과거 수익을 1년 대신 더

긴 기간의 평균 수익으로 대체하는 방법으로 간단히 해결할 수 있다. 이상적인 조합은 가격과 PER이 모두 이전보다 크게 하락한 인지도가 높은 대형주이다.(7장)

그레이엄은 〈개정4판〉을 쓰면서, 1968~1971년을 대상으로 실험한 저PER 투자 전략에서는 실망스럽게도 저PER주가 뚜렷한 손실을 보이고 고PER주가 뛰어난 수익을 보였다고 말한다. 적극적 투자자는 '저PER' 개념으로 시작해야 하겠지만, 다른 정량적, 정성적 요소들을 추가해야 한다고 덧붙였다. 왜 저PER 투자 전략이 통하지 않았는지 구체적인 이유를 밝히지는 않았다. 다만 주가가 과거의 평균이익에 비해 낮아야 한다는 조건을 포함시킬 것을 제안했다.

기업의 펀더멘털이 단기간에 크게 바뀔 리가 없다. 투자자의 입장에서 기업의 펀더멘털은 쉽게 파악되지 않기 때문에 변동하더라도 실제로 체감하기 어렵다. 그런데 주가는 하루에도 크게 급등락을 거듭한다. 급등하거나 급락하는 시점에 HTS 호가창을 보고 있으면 드라마가 따로 없을 정도로 다이내믹하고 흥미진진하다.

펀더멘털에 비해 주가 변동이 시시각각으로 실감난다는 점은 부인할 수 없다. 과연 앙드레 코스톨라니가 말한 것처럼 주가가 펀더멘털보다 크게 변동하는 게 사실일까? 이를 따져보려면 경기순환을 이해할 필요가 있다. 왜냐하면 대체로 기업의 펀더멘털의 변동은 경기의 영향을 받기 때문이다.

리처드 번스타인은 《순환 장세의 주도주를 잡아라》에서 "시장에는 효율적 시장 가설로 설명하기 어려운 비정상성이 존재한다"고 말한다. 시장 참여자들 사이에는 분석 구조 및 심리의 차이 또는 정보의 비대칭성이 존재할 수 있기 때문에 모든 사람이 동시에 투자 정보를 수용하고 대응하는 것이 불가능하기 때문이라는 것이다.

켄 피셔 Ken Fisher 는 《주식시장은 어떻게 반복되는가》에서 경기순환에 대해서 이렇게 말했다. "썰물 뒤에 밀물이 오듯이 경기 침체 뒤에는 경기 확장이 온다. 경기 확장은 경기 침체보다 거의 예외없이 기간도 길고 강도도 높다. 곤경이 두려워서 평생 웅크리고 산다면 훨씬 더 자주, 더 길게, 더 강하게 나타나는 경기 확장과 강세장을 놓치게 된다. 다음 경기 침체가 언제 나타날지 나는 모른다. 그러나 경기 침체가 오고 나서 변형된 뉴 노멀 New Normal 개념이 다시 돌아다닐 때면, 장담컨대 주식시장은 이미 바닥을 치고 강하게 반등할 것이며 경기 침체는 거의 끝나갈 것이다. 세상은 이런 식으로 돌아간다. 늘 그렇다."

하워드 막스 Howard Marks 는 《투자에 대한 생각》에서 주기 Cycle 에 대해 이렇게 말했다. "거의 모든 것에는 '주기'가 있음을 꼭 기억해야 한다. 이 세상에 주기가 존재하는 근본적인 이유는 인간과 관계가 있다. 역사나 경제 같은 분야의 프로세스는 인간을 포함하며, 인간을 포함할 때 결과는 다양해지고 주기적으로 변한다. 그 이유는 대개 인간이 감정적이고, 일관되지 못하며, 꾸준하지 않고, 단순하지도 않기 때문이다. 주기는 자기교정 Self-Correcting 적이며, 주기의 전환이 꼭 외부 사건에 의해 좌우되는 것은 아니다. 주기가 영원히 계속되지 않고 스스로 전환하는 것은 추세가 그렇게 만들기 때문이다. 그러므로 성공은 그 자체로 실패의 씨앗을 품고 있으며, 실패는 그 자체로 성공의 씨앗을 품고 있다고 말할 수 있겠다."

마크 뷰캐넌은 《우발과 패턴》에서 역사에 대해 이렇게 설명했다. "아놀드 토인비$^{Arnold\ Toynbee}$는 문명의 발흥과 쇠퇴를 주기적으로 되풀이되는 과정으로 보았다. 역사는 달이 지구 주위를 도는 것처럼 순환적이라는 것이다."

이렇게 경제는 호황과 불황을 반복하기 마련인데, 이를 경기순환주기$^{Business\ Cycle}$라고 한다. 기업의 EPS는 대체로 호황일 때 증가하고 불황일 때 감소하는 경향이 있다. 다시 말해서 호황일 때 EPS가 증가하고, 불황일 때 EPS가 감소하는 경향이 있다. 호황일 때 EPS가 증가함에 따라 주가도 크게 상승하고, 불황일 때 EPS가 감소함에 따라 주가도 크게 하락하는 경향이 있다. 종합하면 호황일 때는 EPS도 증가하고 주가도 상승하지만, 불황일 때는 EPS도 감소하고 주가도 하락한다. 그런데 EPS의 변동성과 주가의 변동성이 다르다는 게 문제다.

PER은 주가를 EPS로 나눈 값이다. 분자의 주가 변동성$^{\triangle Price/Price}$이 분모의 EPS 변동성$^{\triangle EPS/EPS}$보다 크다면 PER은 높아질 것이다. 반대로 분자의 주가 변동성이 분모의 EPS 변동성보다 작다면 PER은 낮아질 것이다. 어느 쪽이 현실적이라고 생각하는가?

기업이 크게 성장하는 시기가 아니라면, EPS의 증가는 호황 덕분인 경우가 대부분이다. 따라서 EPS가 앞으로도 계속해서 증가할 것이라고 믿는 순진한 투자자는 많지 않다. 그래서 EPS가 크게 증가하는데도 주가는 이상할 정도로 시원하게 상승하지 않는다. 요약하면 EPS 증가율만큼 주가 상승률이 크지 않다. 그래서 PER은 낮아진다.

반대로 기업이 구조적으로 문제가 생겨 수익성이 악화되는 경우가 아니라면, EPS의 감소는 불황의 영향을 받은 경우가 대부분이다. 따라서 EPS가 앞으로도 계속해서 감소할 것이라고 믿는 순진한 투자자는 많지 않다. 그래서 EPS가 뚜렷하게 감소하는데도 불구하고 주가는 크게 하락하지 않는 경향이 있다. 요약하면 EPS 감소율만큼 주가 하락률이 발생하지 않는다. 그래서 PER은 높아진다. 이상을 종합하면 주가의 변동성은 EPS의 변동성보다 크지 않은 게 현실적이다. 이렇게 생각하면 코스톨라니의 이야기는 타당하지 않다.

그래서 저PER일 때 매수해서 고PER일 때 매도하는 투자 전략을 구사한다면 큰 손실을 보게 될 것이다. 순진하게 저PER 투자 전략을 반복한다면 망하는 것은 시간문제다. 저PER 투자 전략을 조심해서 접근해야 하는 가장 결정적인 이유가 바로 여기에 있다.

경기순환주에 대해서는 역으로 접근해서 고PER일 때 매수해서 저PER일 때 매도하라고 제안하는 투자 전문가도 있다. 그러나 이는 매우 혼란스러운 권고다. 도대체 어떤 기준을 가지고 경기순환주로 분류할 수 있다는 말인가? 또 경기의 영향을 전혀 받지 않는 기업이 세상에 존재하기는 하는 것일까?

로저 로언스타인 Roger Lowenstein 은 《증권분석》에 덧붙인 논평에서 그레이엄이 미래 이익 예측 기법으로 두 가지 원칙을 제시하고 있다고 말한다. "하나는 이익이 안정적인 회사가 예측하기도 쉽다는 원칙이다. 이제 세상의 가변성이 더 높아졌으므로, 이 원칙은 다음과 같이 수정할 수 있다. 기업의 이익 변동성이 클수록 미래 이익 예측에 더 신중해야 하며, 더 먼 과거까지 실적을 돌아보아야 한다. 그레이엄과 도드는 10년 실적을 돌아보라고 제안했다. 두 번째 원칙은 경기순환에 따른 이익 변동성향이다. 그레이엄과 도드는 평균과 추세를 명확하게 구분했다. 평균이익은 대략적으로나마 미래 이익을 알려주는 지침이 되지만, 이익추세는 신뢰도가 훨씬 낮다고 밝혔다."

앞에서 살펴보았듯이 한전은 전기를 독점적으로 공급하는 공기업이다. 심지어 전기 요금을 자기 마음대로 결정하지도 못한다. 그럼에도 불구하고 한전의 당기순이익도 경기순환적인 성격을 가진다. 왜냐하면 전기를 생산하는데 원료가 되는 유가가 변동되고, 수요자인 기업의 사용량이 경기에 따라 달라지기 때문이다. 그러므로 한전의 수익성을 제대로 판단하려면 경기순환적인 요소를 감안해서 평균적인 수준을 추정해야 한다. 한전의 주가와 EPS가 실제로 어떻게 움직였는지 살펴보자.

〈그림 2-3〉을 보면 EPS가 증가하면 주가도 상승하고, EPS가 감소하면 주가도 하락했다. EPS와 주가가 같은 방향으로 움직였으니, 너무 당연하게 보였다. 이번에는 PER을 살펴보겠다.

〈그림 2-4〉를 보면 EPS가 증가하여 주가가 급등했지만, PER은 오히려 낮아졌다. 이는 EPS의 증가율에 비해 주가의 상승률이 부진했다는 의미다. 다시 말해 투자자들은 앞으로도 EPS가 계속해서 높은 수준을 유지할 것이라고 신뢰하지 않았고, 어쩌면 조만간 EPS가 감소할 우려가 있다고 보고 추격 매수를 자제한 것이다.

반대로 EPS가 크게 감소했는데도 오히려 PER은 증가하고 있다. 이는 EPS가 계속해서 감소하는 것은 무리라고 예상했다는 의미다. 만일에 저PER일 때 매수해서 고PER일 때 매도하는 저PER 투자 전략을 진행했다면, 엄청난 고점에서 매수해서 완전히 저점에서 매도하게 된다. 한마디로 망하는 지름길을 간 셈이다.

〈그림 2-3〉 한전의 EPS와 주가 (2009~2018)

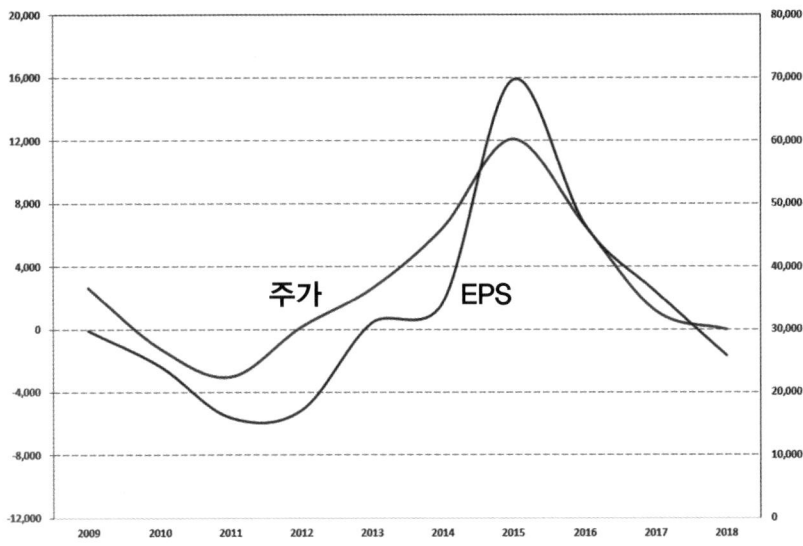

〈그림 2-4〉 한전의 PER과 주가 (2009~2018)

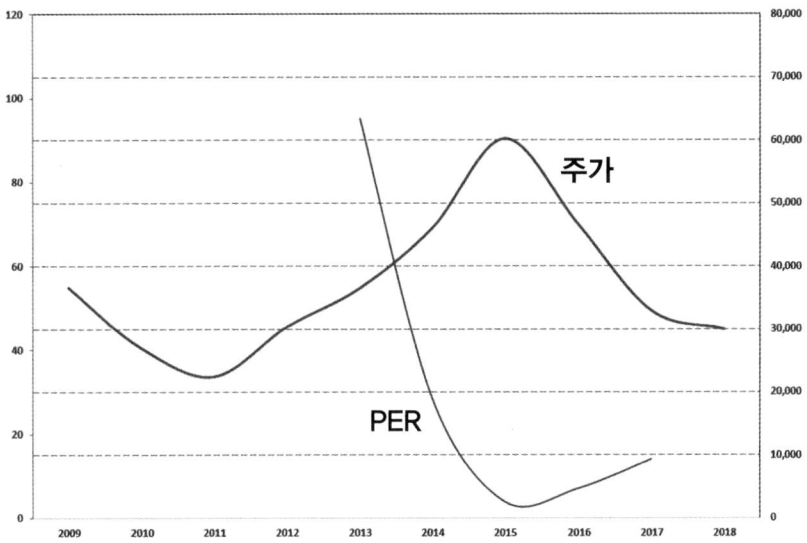

• EPS가 마이너스일 때의 PER은 의미가 없기 때문에 제외되었음

2장 | PER과 적정주가   57

프레더릭 반하버비크는 《초과수익 바이블》에서 경기민감주를 거래할 때 경험이 부족한 투자자들이 종종 주가배수에 현혹된다고 지적한다. "경기민감주를 주가배수가 낮을 때 사서 높을 때 팔면 돈을 잃기 딱 좋다. 경기민감주는 경기가 다시 좋아지기 6~9개월 정도 전에, 상황이 절망적이고 수익이 형편없을 때 사야 한다. 반대로 이익성장률이 최고조에 이르고 경기가 나빠지기 직전에 팔아야 한다. 역설적으로 들리지만 경기민감주는 후행PER이 정점을 찍을 때 사고, 바닥을 기고 있을 때 파는 게 좋다." 마찬가지로 PER이 높을 때 매수하고 낮을 때 매도하라는 것은 혼란스러운 권고라고 할 수 있다.

제럴드 핀토$^{Jerald\ Pinto}$ 등은 《주식가치평가》에서 이렇게 경기 저점에서 EPS가 위축되어 고PER이 되고, 경기 고점에서 EPS가 증가하여 저PER이 되는 PER의 경기 역행적 성격을 몰로돕스키 효과$^{Molodovsky\ Effect}$라고 소개했다.

니콜라스 몰로돕스키$^{Nicholas\ Molodovsky}$는 이익의 주기적 변동성으로 PER과 최근이익 성장률이 음(-)의 상관관계를 가지는 반면, PER과 기대이익 성장률은 양(+)의 상관관계를 가진다고 설명했다. 이러한 PER의 변동성 문제를 완화하기 위해서는 단기적인 최근이익보다는 장기적인 평균이익을 사용하는 편이 바람직하다. 그레이엄은 이 문제를 어떻게 해결했는지 살펴보자.

투자자가 매수 결정을 내리기 위해서는 단순히 실적이 나빠지고 주가가 낮아졌다고 저점이라는 판단을 하면 안 된다. 적어도 지난 10년 이상 손실이 발생한 해가 없이 안정적인 수익이 있어야 하고, 향후 발생할 수도 있는 역경을 견딜 수 있는 충분한 규모와 재무건전성이 있어야 한다. 따라서 이상적인 조합은 가격과 PER이 모두 이전보다 크게 하락한 인지도가 높은 대형주이다. (7장)

과거에는 애널리스트와 투자자들이 비교적 긴 기간, 보통 7~10년 동안의 평균 EPS에 많은 관심을 기울였다. 이러한 '평균 EPS'는 경기 순환의 변동을 완화하는 데 유용하며, 단순히 최근 연도의 결과만을 보는 것보다 기업의 이익 창출 능력을 더 잘 보여준다고 여겨졌다. 또한 평균값을 쓰게 되면 대부분의 특별비용과 세금공제를 처리하는 문제가 해결된다는 장점이 있다. 대부분의 특별 손익은 기업을 경영하다 보면 으레 생기기 마련인데, 평균 이익은 이러한 항목들을 모두 포함하고 있기 때문이다.

성장률이 높을 경우, 최근 이익은 과거 7년 또는 10년 평균값을 크게 상회하며, 이로 인해 애널리스트들은 이러한 장기적인 수치를 무의미하다고 여길 수 있다. 그러나 반드시 그렇지는 않다. EPS는 평균값과 최근값을 모두 감안할 수 있다. 성장률 계산 방법으로는, 최근 3년간의 평균 EPS를 10년 전의 3년 평균 EPS와 비교하는 방식을 추천한다.(12장)

요약하면 그레이엄은 과거 7~10년의 장기 평균EPS를 사용하라고 권하고 있다. 이렇게 장기 평균EPS를 사용하면 경기순환의 상승과 하락을 평활화시켜줄 뿐만 아니라, 특정년도에 발생하는 특별손익도 장기간으로 나누어 반영하므로 별 문제가 되지 않는다는 것이다.

이를 보면 그레이엄은 특별손익을 완전하게 제거하는 것보다 장기 평균EPS에 포함시켜 반영하는 편이 낫다고 생각하는 듯하다. 왜냐하면 어쩌다 한 번 발생하는 특별손익도 알고 보면 장구한 기업의 역사 속에서 보면 의미가 있다는 것이다. 그러므로 특별손익을 제거함으로써 무시하지 않는 것이 좋겠다는 의도다.

애즈워스 다모다란은 《주식 가치평가를 위한 작은 책》에서 경기순환 기업과 원자재 관련 기업의 가치를 평가하는 가장 좋은 방법으로 평균값을 제시하고 있다. "이익을 정상화하는 가장 공통적인 접근법은 시간에 따른 평균값을 계산하는 것이다. 여기서 평균값은 전체의 순환 주기를 포함할 수 있을 정도로 충분히 긴 기간에 대한 값이어야 한다. 미국의 전형적인 경제 순환 주기는 5년에서 10년 정도다. 성장하는 기업의 경우 규모의 변화를 감안한 평균값을 사용해야 한다. 실제 영업이익 대신 시간에 따른 영업이익률의 평균값을 계산하고, 이를 가장 최근의 매출액에 적용함으로써 표준화된 이익을 추정할 수 있다." 정리하면 이익률의 기하평균Geometric Mean으로 평균이익을 추정하라는 것이다.

찰스 엘리스Charles Ellis는 《나쁜 펀드매니저와 거래하라》에서 미래이익을 추정하는 방법으로 평균값을 쓰라고 추천하고 있다. "미래이익을 가늠하는 가장 좋은 방법은, 미래의 PER과 기업의 이익이 역사상 최고치와 최저치 사이에서 움직이며 평균값에 점점 근접하는 수치로 나타날 빈도가 높다고 가정하는 것이다."

마이클 모부신Michael Mauboussin은 《운과 실력의 성공 방정식》에서 단지 운이 좋아서 성공한 기업도 많다고 지적한다. "기업 실적은 실력이 아니라 운에 좌우되기 쉽다. 5~10년 실적 기준으로 선정된 우수 기업 중에는 역량이 탁월해서가 아니라 단지 운이 좋아서 선정된 기업도 많은 것으로 의심된다. 인기 경영 서적은 순진한 독자를 대상으로 위대한 기업의 성공 비결을 떠벌렸지만 이런 책들이 주장한 위대한 기업 중 실제로 위대한 기업은 극히 일부에 불과했다."

마이클 모부신은 특히 주식시장은 실력보다 운의 영향이 큰 영역에 속한다고 강조하면서 운이 활동에 미치는 영향을 파악하려면 평균에 주목하라고 조언한다. "운이 미치는 영향이 큰 활동은 평균 회귀 경향이 강하게 나타난다. 예를 들어 처음에 나온 결과가 평균보다 크게 높거나 낮다면 다음 결과는 평균에 더 가까울 것으로 예상해야 한다. 최근 연구에 의하면 기업 실적의 평균 회귀 경향이 더 강해지고 있다."

장기 평균이익을 유통주식수로 나누면 장기 평균EPS를 구할 수 있다. 마찬가지로 장기간의 주가를 평균하여 장기 평균주가를 구할 수 있다. 장기 평균주가를 장기 평균EPS로 나누면 장기 평균PER을 구할 수 있다. 이렇게 구한 장기 평균PER과 비교해서 현재의 PER의 수준을 평가해볼 수 있다. 즉 장기 평균PER보다 현재의 PER이 높다면 과열 상태라고 보는 것이다.

또 다른 방법은 장기 평균주가가 아닌 현재의 주가를 장기 평균EPS로 나누어 평균PER을 구하는 것이다. 이 방법을 사용하면 최근 이익이 크게 변동하더라도 장기 평균EPS는 크게 변동하지 않게 된다. 다시 말해 장기 평균EPS의 변동성은 크게 감소한다. 결과적으로 주가의 변동성보다 장기 평균EPS의 변동성은 작아진다.

따라서 최근 이익이 크게 증가하여 그에 따라 주가가 상승하면 평균PER은 고PER 상태가 된다. 반대로 최근 이익이 크게 악화되어 그에 따라 주가가 폭락하면 평균PER은 저PER 상태가 된다. 저PER 투자 전략을 구사하더라도 전혀 문제가 발생하지 않는다. 장기 평균EPS가 코스톨라니의 주인이 된다. 그러므로 코스톨라니의 이야기도 타당성을 잃지 않는다.

로버트 쉴러^{Robert Shiller} 예일대 교수는 10년 평균EPS를 구해서 CAPE^{Cyclically Adjusted PER}(경기조정PER)를 구한다. 다만 같은 금액이라면 과거의 EPS가 현재의 EPS보다 커야 한다는, 화폐의 시간가치를 고려하여 장기 평균EPS를 구할 때 인플레이션을 감안한다. 이렇게 구한 CAPE를 자신의 이름을 따서 쉴러PER^{Shiller PER}이라고 부른다. 쉴러 교수는 1881년 이래 미국 주식시장의 쉴러PER의 평균은 16배 수준인데, 이를 기준으로 과열 여부를 판별할 것을 제안하고 있다.

장기 평균EPS를 구하는 방법도 여러 가지가 있다. 가장 간단한 방법은 연도별EPS를 구해서 EPS 값의 장기 평균을 구하는 것이다. 그런데 ROE^{Return On Equity}(자기자본이익률)는 EPS를 BPS^{Book-Value Per Share}(주당순자산)로 나눈 값이므로, EPS가 같더라도 BPS가 다르면 ROE는 달라진다. 따라서 EPS를 단순하게 평균을 내는 방법은 기업의 장기수익성을 평가하기에 충분하지 못한 방법이다.

〈식 2-4〉 ROE(자기자본이익률)

$$ROE = \frac{EPS}{BPS}$$

- EPS: 주당순이익
- BPS: 주당순자산

한전의 사례를 살펴보자. 10년간의 EPS를 단순하게 산술평균하여 평균EPS를 구한다. 예를 들면 2009년의 평균EPS는 2000~2009년 EPS의 산

〈표 2-3〉 한전의 EPS 산술평균에 의한 평균PER (2009~2018)

연도	유통주식수 (주)	당기순이익 (백만원)	EPS (원)	평균EPS (원)	주가 (원)	PER (배)	평균PER (배)
2009	622,637,717	-77,713	-125	2,344	36,550		15.59
2010	622,637,717	-1,478,227	-2,374	1,826	26,900		14.73
2011	623,034,082	-3,514,130	-5,640	984	22,400		22.77
2012	623,034,082	-3,226,597	-5,179	-13	30,300		
2013	623,034,082	238,307	382	-342	36,450	95.30	
2014	641,964,077	1,039,887	1,620	-637	46,000	28.40	
2015	641,964,077	10,165,653	15,835	561	60,200	3.80	107.27
2016	641,964,077	4,261,986	6,639	892	46,450	7.00	52.09
2017	641,964,077	1,506,852	2,347	876	32,850	14.00	37.48
2018	641,964,077	-1,095,213	-1,706	1,180	29,900		25.34

- 평균EPS는 EPS 10년 산술평균
- 평균PER = 주가/평균EPS

술평균이다. 평균PER은 주가를 평균EPS로 나눈 값이다. 〈표 2-3〉을 보면 2015년의 평균PER은 107.27배로 엄청나게 고평가되어 있음을 알 수 있다.

또 하나의 방법은 연도별ROE를 근거로 장기간의 기하평균ROE를 구한다. 이렇게 구해진 장기 기하평균ROE에 최근의 BPS를 곱해서 장기 평균EPS를 추정하는 방법이다. 연도별EPS를 단순하게 평균하는 방법에 비해서는 다소 개선된 방법이다. 하지만 기업의 자본구조가 일정하다는 가정을 해야만 제한적으로 유효한 방법이다.

⟨표 2-4⟩ 한전의 ROE 기하평균에 의한 평균PER (2009~2018)

연도	유통주식수 (주)	자기자본 (백만원)	당기순이익 (백만원)	EPS (원)	ROE (%)	ROE평균 (%)	평균EPS (원)	주가 (원)	PER (배)	평균PER (배)
2009	622,637,717	49,668,436	-77,713	-125	-0.17%	4.02%	2,928	36,550		12.48
2010	622,637,717	48,109,463	-1,478,227	-2,374	-3.02%	3.12%	2,454	26,900		10.96
2011	623,034,082	44,439,305	-3,514,130	-5,640	-7.59%	1.77%	1,314	22,400		17.05
2012	623,034,082	41,271,080	-3,226,597	-5,179	-7.53%	0.11%	78	30,300		386.22
2013	623,034,082	41,659,546	238,307	382	0.57%	-0.44%	-294	36,450	95.30	
2014	641,964,077	43,381,068	1,039,887	1,620	2.45%	-0.91%	-603	46,000	28.40	
2015	641,964,077	53,181,368	10,165,653	15,835	21.06%	0.42%	316	60,200	3.80	190.59
2016	641,964,077	55,466,708	4,261,986	6,639	7.85%	0.70%	594	46,450	7.00	78.19
2017	641,964,077	55,782,356	1,506,852	2,347	2.71%	0.62%	535	32,850	14.00	61.43
2018	641,964,077	54,081,769	-1,095,213	-1,706	-1.99%	1.14%	976	29,900		30.64

- ROE = 당기순이익/((당기 자기자본+전기 자기자본)/2)
- ROE평균은 RCE 10년 기하평균
- BPS = ((당기 자기자본+전기 자기자본)/2)/유통주식수
- 평균EPS = BPS×ROE평균
- 평균PER = 주가/평균EPS

ROE는 당기순이익을 전년도와 당해연도의 자기자본 산술평균으로 나눈 값이다. 예를 들면 2009년 ROE는 2009년 당기순이익을 2008년 자기자본과 2009년 자기자본의 산술평균으로 나눈 값이다. ROE평균은 10년간의 ROE를 기하평균한 값이다. 예를 들면 2009년 ROE평균은 2000~2009년의 ROE를 기하평균한 값이다.

평균EPS는 전년도와 당해연도의 자기자본 산술평균을 유통주식수로 나눈 BPS에 ROE평균을 곱한 값이다. 예를 들면 2009년 평균EPS는 2008년 자기자본과 2009년 자기자본의 산술평균을 유통주식수로 나눈 BPS에 ROE평균을 곱한 값이다. 평균PER은 주가를 평균EPS로 나눈 값이다. 〈표 2-4〉를 보면 2015년 평균PER은 190.59배로 엄청나게 고평가되어 있음을 알 수 있다.

마지막으로 장기 기하평균ROA에 최근의 APS$^{Asset\ Per\ Share}$(주당총자산)를 곱해서 장기 평균EPS를 추정하는 방법이다. ROA$^{Return\ On\ Assets}$(총자산이익률)는 당기순이익을 총자산으로 나눈 값이다. 연도별ROA를 근거로 장기간의 기하평균ROA를 구한다. 자본구조가 다소 변하더라도 문제가 되지 않는다.

ROA는 당기순이익을 전년도와 당해연도의 총자산 산술평균으로 나눈 값이다. 예를 들면 2009년 ROA는 2009년 당기순이익을 2008년 총자산과 2009년 총자산의 산술평균으로 나눈 값이다. ROA평균은 10년간의 ROA를 기하평균한 값이다. 예를 들면 2009년 ROA평균은 2000~2009년의 ROA를 기하평균한 값이다.

〈표 2-5〉 한진의 ROA 기하평균에 의한 평균PER (2009~2018)

연도	유통주식수 (주)	총자산 (백만원)	당기순이익 (백만원)	EPS (원)	ROA (%)	ROA평균 (%)	평균EPS (원)	주가 (원)	PER (배)	평균PER (배)
2009	622,637,717	88,970,796	-77,713	-125	-0.10%	2.57%	3,219	36,550		11.35
2010	622,637,717	92,299,168	-1,478,227	-2,374	-1.63%	2.12%	3,090	26,900		8.71
2011	623,034,082	94,769,898	-3,514,130	-5,640	-3.76%	1.42%	2,138	22,400		10.48
2012	623,034,082	96,234,698	-3,226,597	-5,179	-3.38%	0.50%	773	30,300		39.19
2013	623,034,082	98,249,927	238,307	382	0.25%	0.12%	182	36,450	95.30	199.97
2014	641,964,077	99,719,106	1,039,887	1,620	1.05%	-0.27%	-410	46,000	28.40	
2015	641,964,077	106,306,250	10,165,653	15,835	9.87%	0.28%	445	60,200	3.80	135.31
2016	641,964,077	105,321,129	4,261,986	6,639	4.03%	0.35%	572	46,450	7.00	81.25
2017	641,964,077	106,540,154	1,506,852	2,347	1.42%	0.25%	412	32,850	14.00	79.75
2018	641,964,077	107,486,379	-1,095,213	-1,706	-1.02%	0.60%	1,007	29,900		29.69

- ROA = 당기순이익/((당기 총자산+전기 총자산)/2)
- ROA평균은 ROA 10년 기하평균
- APS = ((당기 총자산+전기 총자산)/2)/유통주식수
- 평균EPS = APS × ROA평균
- 평균PER = 주가 / 평균EPS

⟨식 2-5⟩ ROA(총자산이익률)

$$ROA = \frac{당기순이익}{총자산} = \frac{EPS}{APS}$$

- EPS: 주당순이익
- APS: 주당총자산

⟨식 2-6⟩ APS(주당총자산)

$$APS = \frac{총자산}{유통주식수}$$

평균EPS는 전년도와 당해연도의 총자산 산술평균을 유통주식수로 나눈 APS에 ROA평균을 곱한 값이다. 예를 들면 2009년 평균EPS는 2008년 총자산과 2009년 총자산의 산술평균을 유통주식수로 나눈 APS에 ROA평균을 곱한 값이다. 평균PER은 주가를 평균EPS로 나눈 값이다. ⟨표 2-5⟩를 보면 2015년 평균PER은 135.31배로 엄청나게 고평가되어 있음을 알 수 있다.

정상PER

특별손익을 제거하는 경상EPS와 경기순환을 조정하는 평균EPS를 종합해서 고려하는 방법을 생각해볼 수 있다. 즉 특별손익이 제거된 장기 평균EPS를 구하면 정상EPS$^{Normalized\ EPS}$를 구할 수 있다. 정상EPS란 비정상값이 제거된 장기 평균EPS를 말한다.

여기서 정상이란 정규분포$^{Normal\ Distribution}$에서의 평균값이라는 의미다. 다시 말해서 과거의 데이터들을 표본으로 삼아 정규분포를 만들었을 경우의 평균값인 것이다. 현재 주가를 정상EPS로 나누면 정상PER$^{Normalized\ PER}$을 구할 수 있다. 경상PER이나 평균PER보다 더욱 의미가 있다고 할 수 있다.

프레더릭 반하버비크는 《초과수익 바이블》에서 정상EPS에 대해 이렇게 말했다. "경기민감주의 밸류에이션을 위해서는 정상EPS를 사용한 정상PER을 사용하는 것이 낫다. 데이비드 드레먼$^{David\ Dreman}$은 하나의 경기순환을 통째로 포함하는 약 5년에 걸친 평균EPS를 정상EPS로 사용한다. 장기적으로 보면 EPS가 정상 수준으로 돌아올 가능성이 크다는 의미다. 정상PER이 역사적으로 낮은 수준일 때 사거나, 높은 수준일 때 팔아야 한다는 뜻이다."

마이클 모부신은 《통섭과 투자》에서 과거 PER이 비정상적인지 이해하는 것이 중요하다고 하면서 이렇게 말했다. "비정상성은 시계열 분석에서 아주 중요한 개념으로, 기후와 금융 분야에서 특히 강조된다. 서로 다른 기간의 평균을 비교하려면 모집단의 통계적 특성이 같아야 정상적이다. 시간에 따라 모집단의 특성이 바뀌면 비정상적 데이터라고 할 수 있다. 비정상적 데이터로 구한 과거의 평균을 현재의 모집단에 적용하면 엉뚱한 결론에 이를 수 있다. 이론적이고 실증적으로 분석해보면 PER에 사용되는 데이터는 비정상적이다."

기업이 정상적인 데이터를 제공할 목적이라고 해도, 당기순이익을 조작하는 행위는 바람직하지 않다. 그레이엄은 《증권분석》에서 이렇게 비판한다.

〈표 2-6〉 한진의 정상PER (2009~2018)

연도	유통주식수 (주)	총자산 (백만원)	경상이익 (백만원)	법인세 (백만원)	경상EPS (원)	경상ROA (%)	경상ROA평균 (%)	정상EPS (원)	주가 (원)	경상PER (배)	정상PER (배)
2009	622,637,717	88,970,796	-120,439	-42,727	-125	-0.10%	2.57%	3,219	36,550		11.35
2010	622,637,717	92,299,168	-2,011,865	-438,360	-2,527	-1.74%	2.11%	3,074	26,900		8.75
2011	623,034,082	94,769,898	-3,593,794	55,165	-5,857	-3.90%	1.40%	2,099	22,400		10.67
2012	623,034,082	96,234,698	-2,835,871	-1,383,827	-2,331	-1.52%	0.67%	1,027	30,300		29.49
2013	623,034,082	98,249,927	-336,449	-482,229	234	0.15%	0.27%	425	36,450	155.78	85.73
2014	641,964,077	99,719,106	1,122,668	221,876	1,403	0.91%	-0.12%	-192	46,000	32.78	
2015	641,964,077	106,306,250	4,530,668	3,011,316	2,367	1.47%	-0.38%	-603	60,200	25.44	
2016	641,964,077	105,321,129	5,318,909	1,166,368	6,468	3.92%	-0.32%	-522	46,450	7.18	
2017	641,964,077	106,540,154	2,005,212	645,867	2,117	1.28%	-0.43%	-704	32,850	15.51	
2018	641,964,077	107,486,379	-2,016,425	-739,632	-1,989	-1.19%	-0.09%	-153	29,900		

- 경상ROA = (경상이익-법인세)/((당기 총자산+전기 총자산)/2)
- 경상ROA평균은 경상ROA 10년 기하평균
- APS = ((당기 총자산+전기 총자산)/2)/유통주식수
- 정상EPS = APS × 경상ROA평균
- 정상PER = 주가/정상EPS

"실적이 좋은 해에는 자회사의 이익을 숨기고 실적이 나쁜 해에는 자회사의 이익을 끌어오는 방법이 보고이익을 안정화하는 기법으로는 매우 훌륭해 보일지도 모른다. 그러나 이런 친절한 속임수Shenanigans에 대해 감독 당국은 못마땅하게 생각한다. 뉴욕증권거래소 최근 규정에 의하면 기업은 자회사 이익을 완전히 공개해야 한다. 호황기와 불황기 이익을 평균하여 회사의 정상 수익력을 추정하는 일은 주주의 역할이다. 이익을 안정화하겠다는 바람직한 목적이더라도, 경영진이 보고이익을 조작하는 행위는 비난받아 마땅하다." 즉 평균을 구해 정상EPS를 추정해야 하는 것이야말로 주주의 역할이라는 것이다.

경상ROA는 경상이익에 법인세를 차감하여 전년도와 당해연도의 총자산 산술평균으로 나눈 값이다. 예를 들면 2009년 ROA는 2009년 경상이익에 법인세를 차감하여 2008년 총자산과 2009년 총자산의 산술평균으로 나눈 값이다. 경상ROA평균은 10년간의 경상ROA를 기하평균한 값이다. 예를 들면 2009년 경상ROA평균은 2000~2009년의 경상ROA를 기하평균한 값이다.

정상EPS는 전년도와 당해연도의 총자산 산술평균을 유통주식수로 나눈 APS에 경상ROA평균을 곱한 값이다. 예를 들면 2009년 정상EPS는 2008년 총자산과 2009년 총자산의 산술평균을 유통주식수로 나눈 APS에 경상ROA평균을 곱한 값이다. 정상PER은 주가를 정상EPS로 나눈 값이다. 〈표 2-6〉을 보면 2015년 정상PER은 표시할 수 없을 정도로 고평가되어 있음을 알 수 있다.

적정주가

저평가 종목을 찾기 위한 방법은 두 가지가 있다. 첫번째는 평가모형을 적용한 방법이다. 이는 주로 미래 수익을 추정하고 이 값에 적당한 자본화계수를 곱하여 가치를 계산한다. 평가모형이 신뢰할 만하고 결과값이 시장 가격보다 충분히 높다면 해당 주식을 저평가라고 평가할 수 있다. 두번째는 비상장기업의 가치를 평가할 때 사용하는 방법이다. 비상장기업도 미래 수익으로 가치를 평가하기도 하는데, 이 경우 결과는 첫번째 방법과 동일할 것이다.(7장)

이상적인 주식분석 방법은 해당 주식의 가치를 평가하여 현재 가격과 비교함으로써 그 주식이 매력적인 매수 대상인지 판단하는 것이다. 주식의 가치는 일반적으로 향후 여러 해 동안의 미래 이익을 추정한 후, 그 이익에 적정한 '자본화계수 capitalization factor'를 곱하여 도출된다.

주요 금융정보회사 중 하나인 '밸류라인 Value Line'은 위에서 설명한 절차를 통해 미래 이익과 배당을 예측한 뒤, 주로 과거 관계를 기반으로 한 평가 공식을 각 종목에 적용하여 '목표가'를 도출한다.

예상 실적이 실제 실적보다 낮게 추정되었으나, 큰 차이는 없었다. 그보다 6년 전의 추정에서는 이익과 배당에 대해 낙관적으로 전망했지만, 낮은 자본화계수를 적용하여 이를 상쇄한 결과, '목표가'는 1963년의 실제 평균 가격과 거의 일치했다.(11장)

PER은 주가를 EPS로 나눈 값이다. 이 공식을 변환하면 EPS에 PER을 곱하면 주가를 산출할 수 있다. 여기서 적정주가를 추정하는 공식이 유도된다. 어떤 기업의 EPS를 예상할 수 있고 적정PER Justified PER을 구할 수 있다면, 미래의 적정주가는 예상EPS에 적정PER을 곱해서 간단하게 구할 수 있다.

〈식 2-7〉 적정주가

적정주가 = 예상EPS × 적정PER

원칙적으로 내재가치는 DCF(현금흐름할인모형)나 RIM(초과이익모형) 등 절대가치 평가모형으로 구해야 한다. 그러나 예상EPS에 적정PER을 곱해서 적정주가를 구하는 방법이 간단하기 때문에 인기를 얻고 있다. PER 등 상대가치 평가모형을 이용하는 방법은 진정한 의미의 내재가치$^{Intrinsic\ Value}$라기보다는 내재가치의 대용치^{Proxy}라고 해야 할 것이다. 그런 의미에서 PER 등 상대가치 평가모형으로 추정하는 값은 내재가치가 아니라 '적정주가$^{Fair\ Value}$(공정가치)'라고 표현하는 편이 바람직하다.

보통 애널리스트는 이렇게 구한 적정주가에 기술적 분석까지 감안해서 목표주가를 제시한다. 애널리스트는 이렇게 구한 목표주가를 구독자들이 발견하기 쉽게 보고서 표지 상단에 제시하고 있다. 실무적으로 예상EPS는 애널리스트들의 예상치를 취합한 컨센서스^{Consensus}를 사용하고, 적정PER은 시장지수^{Index}, 동일업종^{Sector}, 경쟁기업$^{Peer\ Group}$을 유사비교법$^{Comparable\ Approach}$으로 참조하여 결정한다.

증권회사들이 발표한 주식시장 예측 기록을 살펴보면, 단순히 동전 던지기를 통한 예측보다도 정확도가 낮다는 사실을 알 수 있다.(서문)

이 방식의 문제점은 애널리스트의 컨센서스가 생각보다 적중률이 높지 않고, 적정 PER을 결정하는 과정이 상당히 임의적이라는 점이다. 실제로 컨센서스의 적중률은 가까운 미래일수록 떨어지는 경향을 보이는데, 애널리스트가 가까운 미래의 상황에 대해 지나치게 편향된 예상을 하고 있다는 증거다. 반면에 3년 후 미래의 컨센서스는 상대적으로 적중률이 높은 편인데, 이는 과거 평균을 감안해서 보수적으로 예상한 수치이기 때문이다. 따라서 굳이 예상하는 것보다 과거 평균값을 사용하는 편이 나은 경우가 많다.

문병로 교수는 《메트릭 스튜디오》에서 이렇게 지적한다. "시중에서 PER을 이야기할 때 흔히들 연말 예상 순익 기준으로 이야기한다. 심지어 내년 말의 예상 순익을 기준으로 사용하기도 한다. 이런 관행은 터무니없는 것이다. 순익 전망은 항상 틀린다. 그것도 많이 틀리는 경우가 흔하다. 미국에서도 평균 44%의 크기로 틀린다는 연구 결과가 있고 우리도 많이 틀린다. 결국 실현된 이익만이 확실한 것이다."

그레이엄은 적정주가를 구하는 이유에 대해 이렇게 설명하고 있다.

> 가격을 이용하는 방법은 주식이 적정 가치보다 낮을 때 매수하고, 그 가치보다 높아질 때 매도하려는 것을 말한다. 소극적 형태의 가격 전략은 단순히 주식을 매수할 때 너무 비싼 값을 지불하지 않도록 하는 것이다.(8장)

즉 적정주가를 기준으로 적극적으로 매수나 매도를 하거나, 소극적으로는 적정주가보다 충분하게 싼 가격으로 매수하여 안전마진을 확보하라는 의미다. 또 그레이엄은 적정주가를 구하는 방식을 이렇게 소개하고 있다.

다양한 방법들을 검토한 결과, 성장주의 평가에 있어 쉽게 활용할 수 있는 다소 '간소화된 공식'을 개발하였다. 이 공식은 보다 정교한 수학적 계산을 통해 얻어지는 결과와 비슷한 값을 도출하는 것을 목표로 했다.

성장주의 적정 주가 = EPS × (8.5 + 2 × 기대성장률)

여기서 연간 기대성장률은 향후 7~10년 동안 예상되는 수치를 사용해야 한다.(11장)

그레이엄은 예상EPS대신 앞에서 논의한 정상EPS를 사용하고 있다. 또 적정PER로는 특이하게도 '8.5 + 기대(예상)성장률 × 2'를 사용한다는 것이다. 일단 예상성장률이 제로라면, 즉 무성장기업 No-Growth Company 이라면 적정 PER로 8.5배라는 상수를 제안하고 있다.

그레이엄이 "이 공식이 신뢰를 받으려면 이자율을 고려해야 한다"고 주의사항으로 덧붙였다는 점에 주목하면, 당시 무위험채권의 PER인 8.5배를 적용한 게 아닐까 추정된다. 즉 1/8.5 = 11.76%이므로 당시 무위험채권의 수익률은 11~12% 수준이었다고 역산하여 추정할 수 있다. 많은 투자 전문가가 적정PER로 대략 10배를 사용하는 것과 비슷한 맥락이라고 할 수 있다.

피터 린치 Peter Lynch 는 《전설로 떠나는 월가의 영웅》에서 "PER이 성장률보다 낮다면 좋은 종목을 찾은 것이다"라고 주장한다. 예를 들면 성장률이 10%일 때, PER이 10배보다 낮다면 좋은 종목이라는 것이다. 여기서 성장률의 단위 '%'와 PER의 단위 '배'를 무시한다는 점에 주의하기 바란다. 여담이지만 학자들은 이렇게 단위를 무시하는 거친 방법에 대해 경악을 금치 못할 정도로 예민한 반응을 보인다.

　PER을 성장률로 나눈 값을 PEG$^{\text{Price Earnings to Growth Ratio}}$(PER성장률배수)라고 하는데, PER과 마찬가지로 PEG도 낮을수록 유망한 종목이다. 다시 말하면 피터 린치는 성장률을 적정PER로 본다는 의미다. 이렇게 성장률을 특별히 감안한다는 의미에서 피터 린치를 성장주 투자의 대가로 보기도 한다.

　피터 린치가 적정PER을 성장률로 보고 있는데 비해 그레이엄은 성장률의 2배를 적정PER의 공식에 적용하고 있다. 예를 들면 예상성장률이 10%라면 피터 린치 방식의 적정PER은 10배 수준인데, 그레이엄 방식의 적정PER은 8.5 + 10×2 = 28.5배가 된다. 즉 그레이엄은 피터 린치에 비해 성장률을 훨씬 더 중요하게 생각했다는 것을 알 수 있다. 그레이엄이 자산가치를 중시한다는 세간의 이미지와는 매우 다른 모습이라고 할 수 있다.

　물론 그레이엄이 자산가치에 대해 많이 언급하고 있는 것은 사실이다. 그러나 이는 수익력, 더 나아가 성장률을 따지기 힘든 일반 투자자의 경우 자산가치, 그 중에서도 더 엄격하게 NCAV$^{\text{Net Current Asset Value}}$(순유동자산)에 초점을 맞추어 보수적으로 접근하길 권고하는 것이다. 여기서 NCAV란 유동자산에서 총부채를 차감한 값이다. 이는 유동자산에서 유동부채를 차감한 일반적인 순유동자산보다 훨씬 보수적인 개념이다.

　그레이엄 자신도 대공황이 발생했을 때 무려 70% 이상의 투자 손실을 입으면서, 투자한 기업의 부도 공포에 시달렸던 경험이 있기 때문이다. 그러므로 투자 수익을 얻는 것보다 실패를 예방하는 것이 더 중요하다는 메시지를 보내고 싶었을 것이다.

　대니얼 피컷과 코리 렌이 공저한 《워런 버핏 라이브》를 참조하면, 버핏은

1990년 버크셔 주주총회 Q&A에서 그레이엄 방식의 '담배꽁초 투자기법'에 대해 질문을 받고 이렇게 대답했다. "실적이 형편없는 기업이라도 아주 낮은 가격에 주식을 산다면 이익을 남기고 팔 수 있을지 모릅니다. 이것이 이른바 '담배꽁초 투자기법'입니다. 그러나 전문가가 아니라면 추천하지 않습니다. 회사에 문제가 발생하는 즉시 이익을 남기고 팔 기회가 사라질지도 모르기 때문입니다."

존 미하일레비치는 《가치투자 실전 매뉴얼》에서 담배꽁초 투자기법에 대해 이렇게 말했다. "워런 버핏은 그레이엄의 기법이 길을 가면서 담배꽁초를 줍는 방식이라고 설명한 바 있다. 구질구질하고 불쾌한 방법이지만 공짜로 몇 모금 빨 수는 있다. 담배꽁초 주식이 안겨주는 수익은 일회성이므로, 가능한 한 빨리 실현하는 편이 좋다. 구질구질한 담배꽁초를 곁에 두고 싶은 사람은 아무도 없다."

트렌 그리핀 Tren Griffin이 쓴 《워런 버핏의 위대한 동업자, 찰리 멍거》를 참조하면, 찰리 멍거 Charlie Munger도 2014년 제이슨 츠바이크와 인터뷰하면서 이렇게 비판적으로 말했다. "담배꽁초 주식을 산다는 것은 위험한 유혹이고 환상인 데다가 우리가 다루고 있는 정도의 돈으로는 절대 될 수 없는 아이디어다."

그레이엄은 일반 투자자를 위해서는 안전한 투자가 우선이므로 보수적으로 자산가치를 강조했지만, 투자 전문가 입장에서는 성장가치를 가장 선호한 것이다. 그레이엄을 자산가치 투자자라고 단정짓거나, 제자인 버핏마저 담배꽁초 투자자라고 폄하하는 것은 그레이엄의 진면목을 제대로 이해하지 못했기 때문이다.

실제로 그레이엄의 주력 투자 종목은 공무원을 대상으로 하는 보험사인 가이코^{GEICO}였는데, 이 기업은 자산가치주가 아니었다. 그레이엄이 자산가치주를 추천한다고 생각하고, 수익성이 저조한 섬유회사인 버크셔 해서웨이를 버핏이 인수한 사례는 스승의 진정한 가르침을 오해한 결과로 볼 수 있다. 잘못 인수하여 크게 고생하다가, 스승이 진정으로 좋아했던 보험사를 뒤늦게 인수하여 오늘날의 성공을 이루었다는 점은 다행한 일이다.

한편 PEG는 PER을 성장률로 나눈 값이다. 기업의 가치를 평가할 때 장기적인 실적을 감안하면 장기 예상성장률을 사용하는 것이 타당하다. 어떤 기업이든 궁극적으로는 성장률이 제로에 수렴할 것이다. 만일 성장률이 선형적으로 감소한다면 장기성장률은 단기성장률의 절반이 될 것이다.

〈식 2-8〉 PEG(PER성장률배수)

$$PEG = \frac{PER}{g}$$

- g: 성장률

하지만 실제로는 비선형적으로 체감하며 제로에 수렴할 것이므로 단기성장률을 2보다 큰 수로 나눈 값이라고 추정할 수 있다. 이때 연속복리를 구하는 방법인 오일러수$^{Euler's\ Number}$ e의 값인 2.71828을 사용하면 그럴듯한 장기성장률을 추정할 수 있다. 만일 단기성장률이 10%라면 장기성장률을 10%/2.71828로 추정하여 적정PER은 27.18배가 된다. 그레이엄 방식의 적정PER이 28.5배였는데 상당히 비슷한 수준이다.

적정PER

DCF$^{\text{Discounted Cashflow Model}}$(현금흐름할인모형)에서는 EPS를 '할인율 – 성장률'로 나누어 내재가치를 추정한다. 공식으로 표현하면 V = EPS/$(r-g)$ 가 된다. 여기서 r은 주주의 요구수익률인데, 주주가 기업의 펀더멘털을 위험하다고 느낄수록 r은 높아진다. 다시 말해서 r만큼의 수익률이 있어야만 만족한다는 의미다. 최소 기대수익률이라고 이해하면 된다. 또 g는 EPS의 장기성장률이다.

⟨식 2-9⟩ 내재가치(by DCF)

$$V = \frac{EPS}{(r-g)}$$

- r: 할인율(주주의 요구수익률)
- g: EPS 장기성장률

적정PER이란 주가(P)가 내재가치(V)에 도달했을 때 당연하게 인정받아야 하는 PER의 수준을 말한다. 그런데 적정PER은 ⟨식 2-9⟩에서 간단하게 도출된다.

우변의 EPS를 좌변으로 넘기면 V/EPS = 1/$(r-g)$가 된다. 말하자면 주가(P) 대신에 V를 적용한 V/EPS를 적정PER이라고 한다. 적정PER은 주주의 요구수익률 r과 역의 관계가 있고, EPS의 장기성장률 g와 정의 관계가 있

⟨식 2-10⟩ 적정PER(by DCF)

$$\frac{V}{EPS} = \frac{1}{(r-g)}$$

- r: 할인율(주주의 요구수익률)
- g: EPS 장기성장률

다. 다시 말해서 주주가 위험을 느낄수록 PER은 낮아져야 하며 즉 EPS에 비해 투자 매력을 느끼지 못하며, EPS가 성장할수록 투자 매력이 높아진다는 의미다.

배당을 기준으로 내재가치를 평가하는 DDM$^{Discounted\ Dividend\ Model}$(배당할인모형) 중에서 배당이 일정하게 성장한다고 가정하는 GGM$^{Gordon\ Growth\ Model}$(고정성장모형 또는 고든모형)에 따르면 V = DPS/$(r-g)$가 된다. 여기서 DPS는 주당배당금$^{Dividend\ per\ Share}$을 말한다. 여기서 g는 DPS의 장기성장률이다.

그런데 DPS = EPS × $(1-b)$다. 여기서 b란 당기순이익에서 배당을 지급한 다음 기업에 유보하는 수준인 사내유보율$^{Company\ Reserve\ Rate}$(내부유보율 또

⟨식 2-11⟩ 내재가치(by GGM)

$$V = \frac{DPS}{(r-g)} = \frac{EPS \times (1-b)}{(r-g)}$$

- b: 사내유보율(내부유보율 또는 재투자율)
- r: 할인율(주주의 요구수익률)
- g: DPS 장기성장률

는 재투자율)을 말한다. (1 − b)는 당기순이익 대비 배당을 지급하는 수준, 즉 DPS/EPS인 배당성향Dividend Pay-Out Ratio을 의미한다.

〈식 2-12〉 적정PER(by GGM)

$$\frac{V}{EPS} = \frac{(1-b)}{(r-g)}$$

- b: 사내유보율(내부유보율 또는 재투자율)
- r: 할인율(주주의 요구수익률)
- g: DPS 장기성장률

마찬가지로 우변의 EPS를 좌변으로 넘기면, V/EPS = (1 − b)/(r − g)가 된다. 이것을 GGM에서의 적정PER이라고 할 수 있다. 즉 적정PER은 사내유보율 b 및 주주의 요구수익률 r과 역의 관계, DPS의 장기성장률 g와 정의 관계에 있다. 다시 말해 배당에 인색하거나 주주가 위험을 느낄수록 PER은 낮아져야 하며 즉 투자에 매력을 느끼지 못하며, DPS가 갈수록 늘어나면 투자에 매력적이라는 의미다.

이처럼 적정PER은 기업의 펀더멘털을 기준으로 판단해야 한다. 다시 말해서 주식 시장의 PER 수준이나, 같은 업종에 속해 있는 경쟁 기업의 PER이나, 심지어 해당 기업의 과거 PER의 수준으로 적정PER을 추정하는 것은 그리 현명하지 못하다는 것이다. 흔히 어떤 기업의 적정PER을 몇 배로 적용해서 적정주가를 구했다고 하는데, 지나치게 임의적인 방법이다.

이상적인 주식 분석 방식은 현재 가격에 매수해도 매력적인지 비교할 수 있는 분석 방식이다. 흔히 미래 일정 기간의 이익 추정치에 적정 자본화계수 Capitalization Factor를 곱해서 산출한다.

적정주가 = 정상EPS × (8.5 + 기대성장률 × 2)

그레이엄이 '8.5 + 기대성장률 × 2'로 적용하길 제안했던 '적정 자본화계수'란 최근 용어로 적정PER 또는 적정PBR과 같은 '적정 주가배수'를 의미하는 것으로 해석된다.

3장

안전마진과
RIM

3장

안전마진과
RIM

안전마진 원칙에 입각한 공격적 투자는 큰 보상을 기대할 수 있다.(서문)

안전마진은 버핏도 서문에서 특별히 손꼽을 정도로 그레이엄의 가치투자를 설명하는 가장 핵심적인 개념이다. 《현명한 투자자》에서는 마지막 챕터인 20장에 위치하고 있지만, 중요한 개념인 만큼 먼저 논의하겠다.

《현명한 투자자》의 초기 번역본에서는 '안전여유' 또는 '안전폭'으로 번역된 적도 있다. 어느 번역가의 솜씨인지는 알려진 바가 없지만, 언제부터인가 '안전(安全)' + '마진^{Margin}'이라는 교묘한 한영조합으로 번역되어 사용되고 있다. 이 개념을 정확하게 파악하기 위해 다른 분야의 용례부터 확인해 보자.

〈그림 3-1〉 교량의 안전마진

이러한 경우 평가자는 건축가가 건물을 설계할 때와 마찬가지로 자신의 계산에 안전마진을 도입해야 한다.(11장)

이를 보면 그레이엄은 아마도 건축공학에서 안전마진이란 개념을 가져온 듯하다. 안전마진의 원어는 'Margin of Safety'인데, 공학을 비롯해 여러 분야에서 광범위하게 사용되고 있다. 버핏도 안전마진을 이렇게 설명한다. "다리를 하나 건설한다고 하자. 당신은 3만 파운드의 하중을 견딜 수 있도록 다리를 완성했다. 하지만 당신은 무게 1만 파운드 이하의 트럭만 그 다리를 건너게 허용할 것이다. 똑같은 원칙이 투자에도 적용된다."

엘리베이터를 타면 "몇 명(몇 kg)이상 탑승하면 위험하다"는 경고문을 발견할 수 있다. 이렇게 교량, 건물, 엘리베이터, 항공기, 선박, 차량 등에서 붕괴나 침몰 등 사고 위험이 있는 하중으로부터 안전하려면 어느 정도 여유가 있어야 함을 의미하는 용어로 사용되고 있다. 공학 분야에서는 이를 '안전한계', '안전여유'로 부른다. 혹시라도 위반하면 큰일이 발생하기 때문에 대개는 법률에 의해 강제되고 있다. 그런데 지나치게 주의를 촉구하다 보니 실제보다는 다소 과장되고 보수적으로 정해져 있는 게 보통이다.

또 우리가 복용하는 약의 실체는 사실상 독소인 경우가 있다. 그래서 지나치게 많이 복용하면 생명을 잃게 되기도 한다. 그래서 치사량에서부터 얼마나 안전한 상태인지가 매우 중요한 정보가 된다. 약학 분야에서는 이를 '안전역(安全域)'으로 부른다. 안전역이 클수록 치료약으로 사용하기에 바람직하다고 할 수 있다.

또 재무회계 분야에서는 BEP$^{Break-Even\ Point}$(손익분기점)에 해당하는 매출액을 기준으로 현재의 매출액이 얼마나 여유가 있는지를 계산한다. 즉 매출액에서 손익분기점 매출액을 차감한 금액을 매출액으로 나눈 값을 '안전한계'라고 부른다. 안전한계가 낮은 상황이라면 조금만 매출액이 감소해도 영업이익이 급감하여, 회사가 위험한 상황에 이를 수도 있다.

이상과 같이 여러 분야에서 안전여유, 안전역, 안전한계 등으로 번역되고, 투자 분야에서 안전마진으로 번역된 이 용어의 특징은 다음과 같다. 첫째, 위험 기준에서 멀리 떨어져 있을수록 좋다. 즉 안전마진이 클수록 좋다. 둘째, 위험 기준에 해당할 정도로 안전마진이 없다면 사고가 난다. 즉 금 밟으면 죽는다. 셋째, 얼마나 멀리 떨어져 있는지는 거리가 아니라 비율로 측정한다.

폴 오팔라$^{Paul\ Orfalea}$는 《워렌 버핏처럼 가치투자하라》에서 안전마진을 이렇게 설명한다. "안전마진이란 '일어날 수 있는 최악의 상황이란 어떤 것인가?'라는 질문에 대한 기업가형 투자자의 답변이다. 버핏의 투자 제 1법칙이

'절대 돈을 잃지 마라'이므로, 안전마진은 고려할 사항의 우선 순위에서 상당히 앞줄에 놓이는 셈이다." 즉 최악의 상황으로부터 얼마나 안전하게 보호되고 있는지에 대한 대답이다.

크리스토퍼 브라운은 《가치투자의 비밀》에서 안전마진을 지키면 또 다른 유용한 면도 있다고 말했다. "안전마진은 주식투자의 손실 위험을 크게 줄여준다는 장점도 있지만, 다른 사람들과 다르게 투자한다는 점에서도 큰 도움이 된다. 대중과 반대로 투자하는 것은 결코 쉽지 않다. 그러나 안전마진을 보고 투자하면 남들이 좋다고 달려들어 주가가 올라갈 때 팔게 되고 남들이 두려워하며 주식을 팔아 치워 주가가 하락할 때 사게 된다."

일드갭

모든 숙련된 투자자는 안전마진 개념이 우량한 채권과 우선주를 선택할 때에 필수적이라는 점을 알고 있다. 예를 들어 철도기업의 채권이 투자등급으로 간주되려면, 과거 일정 기간 이상 이자보상배율이 다섯 배 이상이어야 한다. 이와 같은 과거의 이익 창출 능력은 미래에 순이익이 감소할 경우에도 투자자를 손실로부터 보호하는 안전마진으로 작용한다. (이자보상배율의 안전마진은 다른 방식으로도 표현될 수 있다. 예를 들어 이자 지급 후 잔여 이익이 사라지기 전까지 이익이 감소할 수 있는 비율로 나타낼 수도 있다. 하지만 기본적인 개념은 동일하다.)(20장)

이익이 발생하면 우선적으로 채권자에게 이자를 지급하고 남는 금액이 주주의 몫이다. 그러므로 아무리 사업이 악화되더라도 이자를 감당하고 남는 금액이 존재하기만 한다면 주주에게 투자 수익이 발생하는 셈이다. 주가에 대한 언급이 없이 이익에 주목하는 것을 보면 그레이엄은 투자자를 트레이더가 아니라 동업자로 생각하고 있다는 것을 알 수 있다. 좀 더 구체적으로 설명을 들어보자.

> 일반적인 상황에서 보통주를 투자 목적으로 매수할 경우, 현재의 채권 금리보다 높은 이익수익률이 안전마진이다. 이전 개정판에서 나는 다음과 같은 사례를 설명하였다.
>
> 가령 어느 회사의 수익력이 9%이고 채권 금리가 4%라고 가정하자. 이 경우 주식 투자자는 연간 평균 5%의 초과 수익 마진을 확보하게 된다. 이 초과 수익 중 일부는 배당금 형태로 투자자에게 지급되며, 투자자가 이 돈을 소비하더라도 전체 투자 성과에 포함된다. 남은 미분배이익은 사업을 위해 기업 내에 재투자된다. 많은 경우 이렇게 재투자된 이익은 주식의 수익력과 가치에 크게 기여하지 못한다. (이것이 시장이 배당금으로 지급된 이익을 기업에 유보된 이익보다 더 후하게 평가하는 이유 중 하나이다.) 그러나 전체적인 관점에서 보면, 재투자된 이익을 통한 이익잉여금의 증가와 기업 가치의 성장은 비교적 밀접한 연관성을 가진다.
>
> 10년 동안 주식의 이익이 채권 이자를 초과하는 누적액은 일반적으로 주식 매수가격의 50%에 달한다. 이 정도면 순조로운 조건에서는 손실을 방지하거나 최소화하는 실질적인 안전마진으로 충분하다.(20장)

여기서 그레이엄은 주식수익률이 9%고 채권수익률이 4%라면 안전마진은 5%가 된다고 구체적인 사례를 들고 있다. 다시 말하면 주식과 채권 간의 '일드갭 Yield Gap'을 안전마진이라고 본 것이다. 여기서 그레이엄은 주식수익률로 PER의 역수를 사용하고 있다. '이자를 초과하는 수익성'이라는 표현을 보다 구체적으로 '채권수익률을 초과하는 주식수익률'이라고 표현한 것이다.

즉 안전마진은 비율의 차이다.

다시 말해서 주주의 입장에서는 채권자에게 지급해야 하는 채권수익률을 초과하는 수익성이 존재해야 투자할 매력이 있는 것이다. 그러므로 주식수익률이 채권수익률보다 많이 초과할수록 좋을 것이다. 그런데 불황이나 뜻하지 않은 악재를 만나 사업의 수익성이 크게 악화될 수도 있다. 그럼에도 불구하고 주식수익률이 채권수익률을 상회하고 있다면 주주로서는 안심이 될 것이다. 예전보다는 많이 줄어들었겠지만, 어느 정도는 주주에게 돌아갈 수익이 남아 있기 때문이다. 비유하자면 썩어도 준치다.

기업의 수익성은 PER의 역수인 주식수익률로 판단할 수도 있지만, 그보다는 ROE로 보는 편이 보다 바람직하다. 채권수익률을 'r_b', 즉 채권의 할인율 Discount Rate of Bond이라고 하면, 안전마진의 크기는 '$ROE-r_b$'로 판단해볼 수 있다. 이런 취지로 볼 때 안전마진이 충분하려면 상황이 악화되어 ROE가 아무리 하락하더라도 r_b보다는 높은 기업에 안전마진이 있다고 볼 수 있다. 따라서 ROE가 높은 수준에서 안정적인 기업이어야 할 것이다. 그러기 위해서는 높은 ROE를 방어할 수 있는 튼튼한 경제적 해자를 보유하고 있어야 한다. 결국 투자의 대상이 되는 기업의 펀더멘털이 우량할 때 안전마진이 있다고 본다. 한마디로 우량기업을 말한다.

〈표 3-1〉 투자 대상인 기업의 수익성에서 확보하는 안전마진

구분	$(ROE - r_b) > 0$	$(ROE - r_b) < 0$
투자대상	우량기업 = 투자적합	불량기업 = 투자부적합

그런데 정상적인 시장 상황에서는 이러한 우량기업을 싸게 매수한다는 것은 거의 불가능하다. 왜냐하면 매수하려는 사람이 많이 몰려서 주가가 낮게 형성되는 경우가 거의 없기 때문이다. 따라서 시장이 전반적으로 폭락하는 경기 침체나 위기 상황에서 일시적으로 저평가될 때야 말로 우량기업을 매수할 절호의 기회라는 점을 잊지 말아야 한다.

가격 스프레드

안전마진의 개념은 저평가 종목의 영역에 적용될 때 훨씬 더 분명해진다. 여기에서는 정의상, 가격과 평가된 가치 사이에 유리한 차이가 존재한다. 이 차이가 바로 안전마진이다.(20장)

이 정의를 보면 안전마진은 내재가치에서 주가를 차감한 값을 말한다. 아마도 대부분의 투자자는 이렇게 알고 있을 것이다. 여기서 안전마진이란 내재가치와 주가의 '가격 스프레드$^{Price\ Spread}$'를 말한다. 즉 안전마진은 가격의 차이다.

그레이엄은 앞에서는 안전마진을 '일드갭'이라고 하더니, 뒤에서는 '가격 스프레드'라고 말을 바꾼다. 이 대목에서 많은 사람의 오해가 발생하고 있다. 도대체 그레이엄은 왜 이렇게 헷갈리게 말하는 걸까? 그레이엄이 무언가 착각한 것은 아닐까? 이 말이 어떤 맥락에서 나왔는지 살펴보자.

비전통적 투자란 공격적 투자자에게만 적합한 투자 형태를 말하며, 그 범위는 매우 넓다. 가장 폭넓은 분야는 비우량주 중에서 저평가된 주식으로, 이런 주식을 평가

가치의 3분의 2 이하 가격일 때 매수할 것을 추천한다. 이 외에도 비우량등급 회사채와 우선주가 시장에서 심각하게 저평가되어 평가 가치에 비해 대폭 할인되어 거래되는 경우가 자주 있다. 이러한 경우 일반 투자자는 이런 증권들은 투기적이라고 판단할 가능성이 크다. 이는 해당 증권이 우량등급을 받지 못했다는 사실을 투자 가치가 부족하다는 의미로 간주하기 때문이다.

나의 주장은 다음과 같다. 충분히 낮은 가격은 질적으로 어중간한 증권도 좋은 투자 기회로 바꿀 수 있다. 단 매수자가 충분한 정보를 갖추고 경험이 있으며, 적절한 분산 투자를 실행할 경우에만 해당된다. 가격이 충분히 낮아져 안전마진이 충분히 확보된다면, 해당 증권은 나의 투자 기준을 충족하게 된다.

이러한 채권 매수는 실제로 커다란 투기적 이익으로 이어졌다. 하지만 투기적 이익을 얻었다는 사실 자체로 투자의 본질에서 어긋났다고 말할 수는 없다. 그 투기적 이익이 현명한 '투자'를 한 것에 대한 보상이었기 때문이다. 이 채권들은 신중한 분석을 통해 가치가 가격을 크게 초과하여 안전마진이 충분히 확보되었음을 확인할 수 있었기 때문에, 적절한 투자 기회로 간주될 수 있었다. 따라서 앞서 얘기한 바와 같이 호황기에 높은 가격으로 판매된 증권들은 순진한 투자자들에게는 심각한 손실을 초래하는 주요 원인이 되지만, 후에 이를 자신만의 가격으로 매수하는 숙련된 투자자에게는 건전한 수익 기회를 제공할 가능성이 크다.(20장)

투자자는 돈을 잘 버는 기업에 투자해야 한다. 그러므로 그레이엄은 수익성을 투자의 첫 번째 기준으로 생각하고 있다. 채권수익률을 초과하는 주식수익률이 있는 기업이야말로 안전마진을 제공하는 투자 대상이다. 그런데 수익성은 충분하지 않지만, 지나치게 저평가된 기업도 있을 수 있다.

즉 원칙적으로는 건전한 투자 대상이 아닌 것은 분명하지만, 지나치게 저평가되어 있기 때문에 예외적으로 또는 일시적으로 투자해볼 만한 게 아니나는 것이다. 이 때 내재가치와 주가의 차이를 일종의 안전마진으로 간주해 볼 수도 있다는 것이다. 수익성이 충분하지 않은 기업의 주식을 저평가되었다는 이유만으로 매수하는 것은 따지고 보면 결국 투기의 영역일지도 모른다. 이에 대해 그레이엄은 이렇게 말한다.

> 저평가 주식의 매수자는 투자 대상이 불리한 상황을 견딜 수 있는 능력을 특히 중시한다. 대부분의 경우 투자자는 회사의 전망에 대해 큰 기대를 갖고 있지 않기 때문이다. 물론 전망이 명백히 부정적이라면 가격이 아무리 낮아도 투자자는 해당 증권을 피하는 것이 좋다. 그러나 저평가된 증권의 영역은 미래가 뚜렷이 유망하지도, 뚜렷이 비관적이지도 않은 다수의 기업들(어쩌면 전체의 과반수)에서 추출된다. 이러한 증권을 저평가 기준으로 매수한다면, 수익력이 다소 감소하더라도 투자에서 만족스러운 성과를 얻는 데 큰 지장이 없을 것이다. 안전마진의 본래의 목적이 바로 이런 것이다.(20장)

내재가치보다 저렴하게 매수하더라도 기업의 실적이 악화되면 주가는 더 하락하지 않을까? 그토록 주가가 저평가된 데는 투자자들이 실적 악화에 대해 지나치게 우려하고 있기 때문일지도 모른다. 그래서 실적 악화가 나타나더라도 이미 각오했던 악재가 현실화된 것에 불과할 수도 있다. 게다가 수익성 악화가 그렇게 우려할 만한 수준이 아니라면 이에 안도하면서 오히려 주가는 반등할 가능성도 있다.

그러므로 안전마진이 충분하다면 실적 악화의 충격을 흡수하는 완충재 Cushion 로서의 본래의 역할을 해낼 수 있다. 이렇게 우량기업이 아닌 2류기업이라도 내재가치에 비해 저평가된 주가에 매수하면, 우량기업을 매수하는 게 아니기 때문에 투자가 아니라 투기에 속하는 게 사실이지만, 예외적으로 안전마진을 확보한 투자로 간주할 수 있다는 것이 그레이엄의 결론이다.

현명한 투자가 있듯이 현명한 투기도 있다.(1장)

이 책의 주제는 현명한 투자자가 되는 것이다. 그레이엄은 방어적, 소극적, 보수적 투자자의 관점에서 접근하기를 권하고 있다. 그런데 적극적 투자자라면 투자의 범위를 저평가된 2류기업으로 확장하는 것도 가능하다고 열어 두고 있다. 더 나아가 특수상황 투자도 언급하고 있다. 하지만 어디까지나 일반 투자자에게는 쉽지 않은 투자 전문가의 영역이다.

안전하고 합리적인 범위를 벗어나는 모험은 매우 위험하며, 특히 기질에 따라서는 더욱 위험해질 수도 있다. 이러한 모험을 시도하기 전에 투자자는 투자와 투기를 구분하고, 시장 가격과 실질적 가치의 차이점에 대하여 명확히 이해를 하고 있어야 하며, 조언을 구할 때도 이러한 이해를 공유하는 신뢰관계에서 시작해야 한다.
안전마진 원칙에 입각한 공격적 투자는 큰 보상을 기대할 수 있다. 그러나 방어적 투자의 성과를 넘어 이러한 큰 보상을 목표로 하겠다는 결정을 하려면 고도의 자기 객관화가 선행되어야 한다.(서문)

성장주 투자와 같이 안전마진을 확보하지 못한 투자를 하면 위험한 상황에 빠질 각오를 해야 한다. 물론 위험을 감수하다 보면 남보다 높은 투자 수익을 얻을지도 모르지만, 그러기 위해서는 투자자 본인이 위험을 감수하면서 추가 수익을 얻을 만큼 운용 능력을 갖추고 있는지 충분한 자기 검증을 거쳐야 한다.

폴 오팔라는《워렌 버핏처럼 가치투자하라》에서 집 밖에 놀러 나가겠다고 조르는 아기 너구리에게 엄마가 "보름달이 뜰 때까지 기다려라"하고 인내의 가치를 가르치는 어린이 그림책을 소개하며 안전마진의 개념을 설명한다. "우리는 오랜 탐구 끝에 기업이 특정 조건을 만족시킨다는 결론에 이르고 나면 해당 기업을 '관심 종목$^{Watch List}$'에 포함시킨다. 그리고 매매의 '때가 무르익기'를 기다린다. 이는 '가격이 적당해질 때'까지 기다린다는 의미다. 우리의 접근법은 훌륭한 기업을 가려내는 데서 그치지 않고 주식을 내재가치 대비 할인된 가격에 살 수 있는 기회를 엿보는 데까지 나아간다. 이로 인해 우리의 안전마진은 더욱 넓어지며, 주식을 통한 수익 실현의 가능성도 커진다. 기업가형 투자자는 훌륭한 기업들을 '관심 종목'에 올린 채 매력적인 가격이 될 때까지 참을성 있게 기다린다. 참을성이야말로 진정한 미덕이다!"

내재가치를 V, 주가를 P라고 하면, 안전마진의 크기는 'V − P'라고 할 수 있다. 그러므로 안전마진을 충분하게 확보하려면 가급적 싸게 매수하는 것이 관건이다. 바겐세일을 노려야 한다. 가치투자를 하려면 인내심을 가져야 한다고 말한다. 주식을 매수하고 나서 만족할 만한 수준으로 가격이 상승할 때까지 참고 기다리는 것을 의미하기도 한다. 하지만 충분한 안전마진이 확보될 때까지, 다시 말해서 주가가 충분하게 낮아질 때까지 매수를 연기하면서 현금을 쉽게 써버리지 않고 참는 것이야말로 가치투자에서 말하는 진정한 의미의 인내심이라고 할 수 있다.

앞에서 말한 것처럼 정상적인 시장 상황에서는 ROE $> r_b$ 에 해당하는 우량기업을 싸게 매수하는 것은 거의 불가능하다. 매수하려는 사람이 많으면 주가가 올라가기 때문이다. 따라서 시장이 전반적으로 폭락하는 경기 침체

〈표 3-2〉 내재가치보다 저가에 매수하여 확보하는 안전마진

구분	ROE > r_b	ROE < r_b
V > P	대박 찬스	선수 외 입장 금지
V < P	시간은 내친구	지옥행 특급열차

나 위기 상황에서 일시적으로 저평가될 때까지 기다려야 한다. 이 때가 우량기업을 매수할 절호의 기회라는 점을 잊지 말고 이럴 때를 위해 현금을 아껴 두어야 한다. 참고 기다리는 사람에게 복이 있을지어다.

존 미하일레비치는 《가치투자 실전 매뉴얼》에서 이렇게 정리했다. "가치투자의 성배Holy Grail는 재무상태표가 견실해서 자산가치가 높으면서 ROE도 높은 기업을 찾아내는 것이라 하겠다. 그러나 두 조건을 겸비한 기업을 찾아내기는 거의 불가능하다. 유일한 방법은 이익이 단기적으로 급감한 우량기업을 찾는 것이다."

현실적으로는 ROE > r_b 이라서 우량기업인 경우의 대부분은 주가가 내재가치보다 높게 마련이다. 살짝 아쉽기는 하지만 그래도 우량기업을 매수하려면 그 정도의 프리미엄은 기꺼이 감내할 만하다. 시간이 갈수록 내재가치가 높아지기 때문에, 결과적으로 가격이 조금 비싼 게 큰 문제가 되지는 않기 때문이다. 결국 시간은 내 친구다.

ROE < r_b 이라서 불량기업인데, 내재가치에 비해 주가가 워낙 싼 경우가 있다. 투자자들이 기업에 대해 지나치게 우려하기 때문이다. 기대가 지나쳐

주가에 버블이 발생하는 것처럼, 반대로 우려가 지나쳐 역버블이 발생한 것이다. 이럴 때는 싼 가격에 매수했다가 조금 회복했을 때 매도하면 차익을 챙길 수 있다. 하지만 생각처럼 쉽지 않다. 주가가 회복되지 않거나, 회복될 때 적시에 매도하지 않으면 빠져나오기 어렵기 때문이다. 다시 말해서 선수급 투자 전문가들에게는 잔치상이지만, 일반 투자자가 섣불리 뛰어 들면 모두 털리고 마는 타짜의 영역이다. 조심하기 바란다. 섣불리 밑장 빼다가 걸리면 손모가지 날라가는 수가 있다.

ROE 〈 r_b 이라서 불량기업인데, 내재가치에 비해 주가마저 비싸다면 이곳은 바로 지옥행 특급열차다. 사실 주식투자는 바로 이 영역만 피해도 절반은 성공한 셈이다. 사실 여기가 문제 있는 영역이라는 것을 모르는 사람은 없다. 하지만 동전주$^{Penny\ Stock}$라고 할 정도로 주가가 싸기 때문에 혹시나 하면서 복권을 사는 기분으로 하는 것을 이해하지 못할 것도 없다. 스트레스도 많은 세상인데, 까짓 대박 꿈도 못 꿀까? 수만 배 대박이 터지는 상상을 하며 실컷 즐기기를 바란다. 로또 복권을 사듯이 만 원 미만으로 투자한다면 굳이 말리지는 않겠다. 그런데 딱 거기까지만 하자.

그레이엄은 《증권분석》에서 안전마진에 의한 투자를 이렇게 설명했다. "우리는 사업가가 비상장기업을 살 때 치르는 가격을 기준으로 제시했는데, 이는 다음 두 가지 투자가 정당하다는 뜻이다. 첫째, 전망이 뛰어난 기업의 주식을, 이와 비슷한 비상장회사의 지분보다 비싸지 않은 가격에 사는 투자. 둘째, 실적은 좋아도 전망이 평균 수준인 기업의 주식을, 이와 비슷한 비상장회사의 지분보다 훨씬 싸게 사는 투자." 이를 두고 버핏은 이렇게 정리했다. "뛰어나지 않은 기업을 대단히 저렴한 가격에 매수하는 것보다, 저렴하지 않더라도 대단히 뛰어난 기업을 매수하는 것이 낫다."

투자자의 실수

안전마진의 역할은 본질적으로 미래를 정확히 알아야 할 필요가 없게 만드는 데 있다. 안전마진이 충분히 크다면, 미래 이익이 과거보다 현저히 감소하지 않는 한, 투자자는 수시로 발생하는 실적 변화로부터 충분히 보호받고 있다는 안도감을 느낄 것이다.

안전마진 개념은 통계적 데이터를 기반으로 한 간단하고 명확한 산술적 논리에 기초하고 있다. 이러한 나의 정량적 접근 방식을 뒷받침하는 것은 오랜 실전 투자 경험이다.(20장)

투자자라면 당연히 우량기업의 주식을 가급적 저렴하게 매수하고 싶을 것이다. 하지만 그런 투자 원칙을 철저하게 잘 지키려고 노력했는데도 뜻대로 되지 않을 경우도 발생한다. 내가 추정한 내재가치에 오류가 있을 수도 있다. 우량기업이라고 판단했는데, 착각했을 수도 있다. 경제적 해자가 튼튼하다고 판단했는데, 그렇지 않을 수도 있다. 수익성이 높다고 생각했는데, 갈수록 수익성이 악화될 수도 있다. 외부 환경에 의외로 취약한 점이 나타날 수도 있다. 경영진이 바뀌면서 기업의 사업 구조나 수익성에 큰 변화가 올 수도 있다.

이런 모든 것은 투자자가 완벽한 인간이 아니기 때문이다. 그러니까 내가 실수할 가능성까지 염두에 두고 더욱 저렴하게 매수한다면, 조금은 방어가 될 것이다. 즉 워낙 저렴하게 매수했기 때문에 종목을 잘못 보았더라도 특별한 손실은 없을 수 있다는 것이다. 이렇게 투자자인 나의 실수에 대해 보험이 되어주는 것도 안전마진의 역할이다. 즉 안전마진은 물에 빠졌을 때 구명조끼가 된다.

정리하면 투자 대상, 투자 객체인 기업의 수익성에서 확보하는 안전마진이 원칙이다. 그런데 투자 과정에서 내재가치보다 저가에 매수하여 확보하는 안전마진도 있다면 더욱 좋다. 마지막으로 투자 주체인 투자자가 실수할 때를 대비해서 확보하는 안전마진까지 있다면 어떤 경우에도 생존할 수 있다. 이렇게 3중의 안전장치를 마련한다면 안심하고 투자할 수 있을 것이다.

그레이엄은 《증권분석》에서 안전마진 원칙에 의한 종목선정 작업에 대해 이렇게 설명했다. "전반적인 시장 등락을 이용하여 선도업종 주식을 내재가치 일정 비율 밑에서 매수하고 일정 비율 위에서 매도한다. 시장이 침체했을 때 사서 대중이 낙관할 때 팔아야 성공할 수 있다. 또는 주가보다 내재가치가 훨씬 높은 것으로 분석되는 저평가 증권을 발굴하는 기법도 있다. 우리는 사업가가 비상장기업의 지분보다 훨씬 싸게 사는 투자가 진정한 투자기회를 찾아내는 건전한 기준이 될 것으로 굳게 믿는다." 여기서 첫 번째 방법은 일드갭으로 접근한 안전마진이고, 두 번째 방법은 가격 스프레드로 접근한 안전마진이라고 할 수 있다.

조엘 그린블라트는 《주식시장을 이기는 작은 책》에서 이렇게 말했다. "그레이엄은 미스터 마켓과 같은 황당한 파트너에게서 회사 지분을 살 것인가의 여부를 결정하는데 언제나 안전마진의 원리를 이용하는 것이 안전하고 믿을 수 있는 투자 수익을 내는 비결임을 알았다. 사실 이 두 가지 개념, 즉 투자 구매에 대해 안전마진을 요구하고, 주식시장을 미스터 마켓과 같은 파트너로 본다는 개념은 역사상 가장 훌륭한 몇몇 투자가들에 의해 활용되었으며 지금도 이용되고 있다."

로렌스 커닝햄Lawrence Cunningham이 엮은 《워런 버핏의 주주서한》을 참조하면, 버핏은 안전마진에 대해 주주서한에서 이렇게 말했다. "《현명한 투자자》의 마지막 챕터에서 그레이엄은 단검이론을 강력하게 거부했습니다. 건전한 투자의 비밀은 한마디로 '안전마진'입니다. 그 책을 읽고 42년이 지났지만 나는 여전히 안전마진이 정답이라고 생각합니다. 이 간단한 메시지를 마음에 새기지 못한 투자자들은 1990년대 초에 엄청난 손실을 보았습니다." 여기서 '단검이론'이란 운전대에 가슴을 향해 단검을 꽂은 채 운전하면 더욱 조심해서 운전할 것이기 때문에 오히려 안전하다고 주장하는 궤변을 말한다. 하지만 운전자가 아무리 조심을 하더라도 조그만 웅덩이만 만나도 치명상을 입게 될 것이다. 그래서 버핏은 무엇보다 안전마진을 확보해야 한다고 강조했다.

세스 클라만Seth Klarman은 《안전마진》에서 할인이 곧 안전마진이라고 말했다. "가치투자는 내재가치보다 현저하게 할인하여 주식을 매수하고 그 가치가 실현될 때까지 보유하는 투자 원칙이다. 여기서 '할인'이라는 요소가 투자 과정의 핵심이다. 가치투자는 기업의 가치에 대한 철저한 분석과 가치에 비해 충분한 할인이 있을 때까지 기다리는 인내심의 결합체다. 할인에 대한 철저한 추구야말로 가치투자를 위험 회피 접근법이 되도록 만들어 준다. 할인이 곧 안전마진이다. 안전마진은 기초자산 가치로부터 충분한 할인을 한 가격에서의 매수를 통해 확보되는데 이는 복잡하고 예측 불가능하여 급변하는 세상 속에서의 인간의 실수, 불행, 극심한 변동성을 극복하게 해준다. 버핏은 안전마진의 개념을 '참을성'이라는 용어로 표현했다."

하워드 막스는 《투자에 대한 생각》에서 이렇게 말했다. "투자 수익을 낼 수 있는 모든 방법들 중에 저가 매수가 가장 신뢰할 만하다는 말을 했지만 이조차도 확실한 것은 아니다. 현재가치에 대해 잘못 평가할 수도 있고, 가치를 하락시키는 사건이 발생할 수도 있기 때문이다. 또는 사고방식이나 시장이 퇴보하여 자산이 가치보다 훨씬 못 미치는 가격에 팔릴 수도 있다. 그도 아니면 가격과 내재가치가 하나로 합쳐지는 데 생각보다 오랜 시간이 걸릴 수도 있다. 존 케인스$^{John\ Keynes}$가 지적했듯이 시장은 생각만큼 합리적이지 않아서, 당신의 부채 상환 능력이 바닥날 때까지 비합리적인 상태로 있을 수 있다. 가치보다 싸게 사려는 노력이 실패할 때도 있지만, 그것이 우리가 할 수 있는 최선의 선택이다."

트렌 그리핀은 《워렌 버핏의 위대한 동업자, 찰리 멍거》에서 안전마진을 운전에 비유해서 이렇게 말했다. "투자자에게 안전마진이란 고속도로에서 운전할 때의 안전 거리와 같은 말이다. 양쪽 다 예측할 필요가 없다는 데 의미가 있다. 앞 차와 충분한 거리만 유지한다면 현재 보이는 것만 신경 쓰면 된다. 앞에 있는 운전자가 어떤 행동을 할지 알아야 할 필요는 없다. 당신이 앞차를 바짝 쫓아서 운전한다면, 반응이 아니라 예측을 해야 한다. 그러지 않으면 사고가 날 수밖에 없다. 그레이엄 가치투자자의 목적은 내재가치보다 헐값에 사서 주식시장에서 단기 가격 추이를 예측할 필요를 없애 버리는 것이다. 안전마진은 단기 미래 예측과 같이 어려운 문제를 해결함으로써 성공하고자 하는 멍거 같은 사람에게 매우 자연스러운 일이다."

RIM

그레이엄은 안전마진을 채권수익률을 초과하는 주식수익률이라고 보았

〈표 3-3〉 안전마진과 RIM

구분	ROE > r	ROE < r
V > P	대박 찬스	선수 외 입장 금지
V < P	시간은 내친구	지옥행 특급열차

다. 채권자의 요구수익률을 초과할 때 안전마진이 확보된다는 것이다. 다시 말하면 채권자에게 이자를 지급하고도 남는 이익이 존재해야 주주에게도 수익이 발생한다는 의미다. 그런데 채권자에 비해 후순위에 위치하여 높은 위험을 감수해야 하는 주주의 요구수익률이 채권자의 요구수익률과 같을 수는 없다. 그러므로 주주의 안전마진은 주식수익률이 주주의 요구수익률을 초과할 때 확보된다고 보아야 한다.

안정된 사업을 하는 기업보다는 불안하고 위험한 사업을 하는 기업에 투자하는 주주의 요구수익률은 높아야 마땅하다. 그것은 위험한 사업에 투자한 주주로서 당연하게 받아야 할 보상이다. 그러므로 주주의 요구수익률을 만족하고도 초과되는 이익이 존재해야 그 기업에 투자한 의미가 있다고 볼 수 있다. 즉 주주의 안전마진은 ROE가 주주의 요구수익률을 초과할 때 확보된다고 정리할 수 있다. 이렇게 주주의 요구수익률을 초과하는 초과이익을 기준으로 내재가치를 평가하는 방법을 RIM$^{\text{Residual Income Model}}$(초과이익모형)이라고 한다.

그레이엄이 제시한 안전마진의 개념을 따라가다 보면 최근에 가장 많이 활용되는 가치평가 기법인 RIM에 도달하게 되는 것은 가치투자라는 원칙으로 볼 때 어쩌면 당연하면서도 재미있는 귀결이라고 볼 수 있다. 그레이엄은 여기서도 자산가치보다는 수익성을 강조했다. RIM은 안전마진을 현대식으로 표현한 것으로 볼 수 있다.

RIM에서는 RI(초과이익)가 핵심 키워드다. 주주의 요구수익률을 r이라고 할 때, RI는 (ROE$-r$)×BPS가 된다. RIM에 의한 내재가치를 공식으로 표현하면, V = BPS + (ROE$-r$)×BPS/($r-g$)가 된다. ROE〉r이면 우변의 두 번째 항은 (+)값이 된다. 따라서 V는 BPS보다 크다. 초과이익이 존재한다면 V는 BPS보다 크게 된다는 것이다. 따라서 우변의 두 번째 항인 (ROE$-r$)×BPS/($r-g$)는 BPS를 초과하는 프리미엄이 된다. 다시 말해서 바로 이 부분이 기업에 내재되어 있는 무형의 경제적 영업권, 즉 경제적 해자에 해당하는 가치다.

〈식 3-1〉 **내재가치**(by RIM)

$$V = BPS + \frac{(ROE-r) \times BPS}{(r-g)} = \frac{(ROE-g) \times BPS}{(r-g)}$$

- BPS: 주당순자산
- ROE: 자기자본이익률
- r: 할인율(주주의 요구수익률)
- g: RI(초과이익) 장기성장률

이렇게 RIM 방식으로 내재가치를 구하는 것만으로도 기업 자체의 안전마진을 확보한 셈이다. 게다가 RIM 방식으로 구한 내재가치에 비해 현저하게 저렴하게 매수한다면 이중으로 안전마진을 확보한 셈이다.

그레이엄은 《증권분석》에서 자산가치를 무시하고 미래 이익만을 기준으로 전적으로 내재가치를 평가하는 새 시대 투자이론에 대해 비판하면서 이렇게 주장한다. "당시 전형적인 주식 투자자는 사업가였으므로, 그는 다른 기업에 대해서도 자신의 기업을 평가할 때와 같은 방식으로 평가했다. 그는 이익 실적 못지않게 자산가치에도 관심을 기울였다. 비상장회사는 주로 장부상에 나타나는 '순자산'을 기준으로 평가한다는 사실을 명심하기 바란다. 비상장회사 지분을 인수하려는 사람은 항상 재무상태표에 나타난 지분의 가치부터 분석하며, 이어서 회사의 실적과 전망을 고려하여 투자 매력도를 판단한다. 주식을 투자할 때 투자자는 스스로 이런 질문을 던졌다. 이 주식은 장부가치에 프리미엄을 얹어서 사야 하는가? 아니면 장부가치보다 할인해서 사야 하는가?"

이렇게 그레이엄은 자산가치를 먼저 생각하고 여기에 수익성을 감안하여 프리미엄을 받을 만한지를 생각했다. 이런 방식은 일단 BPS를 먼저 고려하고 여기에 초과이익 여부에 따라 프리미엄이 부가되는 RIM과 완벽하게 일치하는 생각이었다.

적정PBR

적정PBR$^{Justified\ PBR}$이란 주가(P)가 내재가치(V)에 도달했을 때 당연하게 인정받아야 하는 PBR의 수준을 말한다. 그런데 적정PBR은 〈식 3-1〉에서 간단하게 도출된다. RIM에 의한 내재가치 평가 공식을 다시 정리하면, V = (ROE-g)×BPS/(r-g)가 된다. 우변의 BPS를 좌변으로 넘기면 V/BPS = (ROE-g)/(r-g)가 된다. 말하자면 주가(P) 대신에 V를 적용한 V/BPS를 적정PBR이라고 한다.

⟨식 3-2⟩ **적정PBR**(by RIM)

$$\frac{V}{BPS} = \frac{(ROE - g)}{(r - g)}$$

- BPS: 주당순자산
- ROE: 자기자본이익률
- r: 할인율(주주의 요구수익률)
- g: RI(초과이익) 장기성장률

적정PBR은 주주의 요구수익률 r과 역의 관계가 있고, ROE 및 장기성장률 g와 정의 관계가 있다. 다시 말해서 주주가 위험을 느낄수록 PBR은 낮아져야 하며 즉 BPS에 비해 투자 매력을 느끼지 못하며, ROE가 높거나 RI가 성장할수록 투자 매력이 높아진다는 의미다.

이처럼 적정PBR은 기업의 펀더멘털을 기준으로 판단해야 한다. 다시 말해서 주식 시장의 PBR 수준이나, 같은 업종에 속해 있는 경쟁 기업의 PBR이나, 심지어 해당 기업의 과거 PBR의 수준으로 적정PBR을 추정하는 것은 그리 현명하지 못하다는 것이다. 흔히 어떤 기업의 적정PBR을 몇 배로 적용해서 적정주가를 구했다고 하는데, 지나치게 임의적인 방법이다.

4장

종목
선정

4장

종목 선정

그레이엄은 투자자를 방어적 투자자와 적극적 투자자로 구분해서 종목 선정 및 투자 전략을 추천하고 있다. 그러므로 우선 투자자의 분류부터 확실하게 짚어보고 가는 게 순서일 것 같다. '방어적 투자자'는 원서의 'The Defensive Investor'를 번역한 표현이다. 사전적으로 정확하게 번역된 느낌이다. 또 '적극적 투자자'는 대체로 'The Active Investor'이지만, 이 책의 원서에는 'The Enterprising Investor'로 표기되어 있다. 사전적으로는 '진취적인' 또는 '사업가다운'인데, 약간 의역한 느낌이 난다. 그레이엄은 투자자를 이렇게 분류했다.

방어적 투자자의 최우선 목표는 심각한 실수나 손실을 피하는 것이다. 그 다음 목표는 노력, 귀찮음, 잦은 의사 결정이 불필요하도록 만드는 것이다.(서문)

방어적 투자자는 주로 안전을 중시하며 번거로운 과정을 피하려는 사람이다.(1장)

반면 공격적 투자자는 건전하면서도 평균보다 더 매력적인 증권을 고르기 위하여 시간과 노력을 기울인다. (서문)

일반적인 투자자보다 우월한 성과를 얻고자 하는 공격적 투자자는 많은 시간과 노력을 들여야 한다. (7장)

사실 방어적, 공격적, 적극적, 소극적이라는 표현은 번역가를 상당히 괴롭히는 용어 중의 하나다. '방어적'의 반대말은 '공격적'이다. 도대체 투자 과정에서 누가 공격을 하고, 누가 방어를 한다는 것일까? 투자를 전쟁 또는 게임으로 이해하는 게 아닐까 하는 느낌이다. '적극적'의 반대말은 '소극적'이다. 적극적으로 투자하는 것은 무엇일까? 권하지 않아도 투자를 좋아하는 사람일까? 반대로 소극적으로 투자하는 것은 무엇일까? 투자하기 싫어한다는 것일까?

하워드 막스는《투자에 대한 생각》에서 방어적 투자에 대해 이렇게 말했다. "'방어적 투자'라는 말이 상당히 전문적으로 들릴지 모르지만, 이를 쉽게 표현해보면 다음과 같다. 두려움을 가지고 투자하라! 손실가능성에 대해 걱정하라! 당신이 모르는 무언가가 있음을 걱정하라! 당신이 수준 높은 결정을 내릴 수는 있으나 불운이나 깜짝 놀랄 사건들 때문에 큰 타격을 입을 수도 있음을 걱정하라! 두려움을 가지고 하는 투자에는 자만심이 생기지 않을 것이고, 지속적인 경계심과 심리적인 아드레날린이 계속 작용할 것이며, 충분한 안전마진을 고집할 수 있게 될 것이고, 당신의 포트폴리오가 뜻밖의 상황에 대비할 수 있는 가능성을 높여줄 것이다."

찰스 엘리스는 《나쁜 펀드매니저와 거래하라》에서 방어적인 투자에 대해 이렇게 말했다. "주식투자든 채권투자든 똑같이 기본적으로는 방어적 프로세스라는 게 현실이고, 또 그럴 수밖에 없다. 장기투자에 숨겨진 위대한 성공비결은 '중대한 손실을 피하는 것'이다. 장구한 투자의 역사에서 가장 슬픈 대목은, 너무 무리해서 애쓰거나 탐욕에 굴복하는 바람에 중대한 손실을 자초한 투자자들에 관한 이야기다."

또 필립 피셔Philip Fisher의 《보수적인 투자자는 마음이 편하다》에서 제목으로 등장하고 이 책에서도 자주 나오는 '보수적'의 반대말은 '진보적'이다. 사실 이런 용어는 오히려 정치판에나 어울리는 용어다. 또 이 책에서도 자주 등장하는 '수동적'의 반대말은 '능동적'이다. 이것도 잘 이해가 되지 않는다. 투자를 능동적으로 한다는 것이 무슨 의미일까? 반대로 수동적으로 한다는 것은 또 무슨 의미일까?

그래서 우리는 이렇게 정리하도록 하자. 방어적, 보수적, 소극적, 수동적이라는 용어의 뉘앙스가 엄밀하게는 각자 조금씩 다르기는 하지만 대충 같은 부류로 보자. 이 중에서 이 책에서는 '방어적'이라는 표현을 대표적으로 사용하기로 한다.

또 공격적, 진보적, 적극적, 능동적이라는 뉘앙스가 엄밀하게는 각자 조금씩 다르기는 하지만 대충 같은 부류로 보자. 이 중에서 이 책에서는 '적극적'이라는 표현을 사용하기로 하자. 정확하게 대조되는 반대말이 아니지만, 그렇게 사용하는 것을 독자들은 양해하길 바란다.

방어적 투자자에게 추천하는 채권

　　　　　　　　　•

① 　우량등급 채권(미국저축채권, 국채, 지방채, 우량 회사채), 우량주
② 　정부 보증채권
③ 　저축은행이나 시중은행 예금, 양도성예금증서
④ 　수익사채(4장)

이 기본 기준은 다년간의 평균 실적에만 적용할 수 있다. 어떤 기관들은 검토된 모든 연도에서 최소 이자보상배율 이상을 보여야 한다고 요구한다. 나는 7년 평균 기준의 대안으로 '최악의 해' 기준도 인정하며, 회사채나 우선주가 이 두 기준 중 하나만 충족해도 충분하다고 본다.

이자보상배율 외에도 일반적으로 적용되는 여러 다른 기준들이 있다. 예를 들면 다음과 같은 것이다.

1. 기업 규모: 산업주, 공익기업, 철도주 부문에 따라 사업매출 규모에 대한 최소 기준이 있으며, 지방 자치단체의 경우 인구를 기준으로 한다.
2. 시가총액/총부채: 주식의 시가총액을 총 부채액 또는 부채와 우선주 합계로 나눈 비율을 의미한다. 이는 경기변동에 가장 민감하게 반응하는 보통주의 '완충장치'를 대략적으로 측정하는 기준이다. 또한 이 비율은 시장이 기업의 미래 전망을 어떻게 평가하는지도 반영한다.
3. 자산가치: 자산가치는 대차대조표에 표시된 자산가치나 평가된 자산가치를 말하는데, 과거에는 자산가치가 채권의 안정성에서 가장 중요한 요인이라고 보았다. 그러나 경험상 대부분의 경우 안전성은 이익 창출 능력에 달려 있으며, 이 능력이 부족할 경우 자산가치도 대부분 상실하게 된다. 그럼에도 불구

하고 공익기업(요금이 주로 자산 투자에 따라 결정되기 때문에), 부동산기업, 그리고 투자회사의 채권 및 우선주의 안정성을 평가할 때에는 자산가치가 별도의 기준으로서 여전히 중요하다.(11장)

그레이엄은 방어적 투자자를 위한 채권 종목을 잘 정리해서 제시하고 있다. 주로 정부 채권이나 은행 예금, 우량 회사채로 엄격하게 제한하고 있다. 약간의 수익을 추가하려고 복잡하고 어려워 보이는 CB나 수의상환부 채권에 투자하는 것은 현명하지 못하다고 말한다.

또 여기서 언급하는 우선주는 배당이 확정되어 있으므로 사실상 채권과 마찬가지다. 게다가 채권보다 후순위이므로 태생적으로 열등하다. 그러므로 일시적인 불운으로 지나치게 하락했을 때만 예외적으로 우선주 매수가 가능하다고 한다. 하지만 그레이엄이 우선주에 신중을 기하라고 표현한 것을 두고 한국의 우선주까지 부정적으로 볼 이유는 없다. 한국의 우선주 DPS(주당 배당)는 보통주 DPS에 연동되어 있으므로, 한국의 우선주는 채권형이 아니라 주식형이라고 보아야 한다.

메릴랜드 대학교의 미식축구팀인 테라핀스^{Terrapins}의 랄프 프리전$^{Ralph\ Friedgen}$ 코치는 자신만의 독특한 승리 방정식을 가지고 있었다. 그것은 경기의 통계를 새로운 방식으로 작성하는 것이었다. 〈워싱턴포스트〉는 이를 '테라핀스의 승리방정식'이라고 명명했다. 랄프 프리전은 선수들의 실수 횟수를 공격 횟수로 나눈 값을 실수비율이라고 불렀는데, 이 비율이 12% 이하면 경기에서 이긴다는 사실을 발견했다. 테라핀스 승리방정식이 독특한 것은 일반적으로 경기에 이기기 위해 득점하는 일에만 신경을 쓰는 것과는 달리, 오로지 실수를 줄이는 것을 강조했기 때문이다. 즉 실수를 줄이면 경기에서 이긴다.

하워드 막스는 《투자에 대한 생각》에서 방어적 채권투자에 대해 이렇게 말했다. "채권의 특징은 수익이 제한적이므로 매니저의 성공 여부는 손실 회피를 얼마나 잘 했는지에 달려 있다. 수익은 실제로 확정되어 있기 때문에, 유일한 변수는 손실 발생 여부이고 이를 피하는 것이 성공의 핵심이다. 따라서 채권투자자로서 스스로를 차별화하려면 돈이 되는 채권을 보유하고 있는지가 아니라, 돈이 안 되는 채권을 배제할 수 있는지가 더 중요하다. 그레이엄과 도드에 따르면 채권투자는 '배제법'을 따라야 한다."

미켈란젤로^{Michelangelo}는 다비드상 같은 걸작을 어떻게 만들었는지 질문을 받았을 때 이렇게 대답했다. "다비드^{David}처럼 보이지 않는 부분을 깎아내기만 하면 됩니다." 투자도 마찬가지다. 적절하지 않은 것을 버리다 보면, 최적의 것만 남게 된다.

한국의 방어적 투자자에게 추천할 만한 채권

①　현금, 고객예탁금, 수시입출금예금
②　수시입출금RP, CMA, MMF, 단기채권ETF
③　CD, 금융채, 국채 3년물

포트폴리오에 채권이 왜 필요한지, 그래서 포트폴리오라는 관점에서 어떤 채권이 바람직한지 먼저 생각해 보아야 한다. 채권투자의 가장 전문가이자, 오로지 채권에만 관심을 집중하는 채권 펀드매니저의 관점에서는 가급적 위험에 비해서 상대적으로 높은 투자 수익을 확보할 수 있는, 즉 위험조정 수익률이 높은 채권을 선정하려 할 것이다. 그런데 이는 채권에 100% 투자

한다는 것을 전제로 하는 채권 중심적인 관점이다. 우리가 논의하는 포트폴리오에는 채권뿐만 아니라 주식도 투자 대상으로 한다.

자산운용사를 예로 들면, 펀드의 주식 부분은 주식운용본부 펀드매니저가 담당하고 채권 부분은 채권운용본부 펀드매니저가 담당한다. 하나의 펀드를 자산별로 나누어 맡는 셈이다. 물론 펀드매니저들은 각자 맡은 부분을 가장 잘 운용하려고 최선의 노력을 아끼지 않을 것이다.

그런데 여기에서 의외의 문제가 발생한다. 가령 지금 채권 펀드매니저 입장에서 가장 최선이라고 판단해서 장기국채에 투자했는데, 주식 펀드매니저가 최근 급락한 주식을 매수하기 위해 장기국채를 팔아 달라고 하면 어떻게 될까? 그 결과 주식 펀드매니저는 좋은 성과를 올릴 수 있을지도 모르지만, 채권 펀드매니저는 손실이 발생하기도 한다. 사실 이러한 방식으로 운용본부간의 실적 경쟁 및 상충관계로 인해 채권운용본부와 주식운용본부 간의 사이가 별로 좋지 않은 경우도 있다.

이럴 경우에는 채권비중과 주식비중을 결정하는 자산배분 책임자에게 리더십이 있어야 하며 각 본부에 대한 공정한 평가를 보장해야 한다. 이렇게 부분의 최적화가 전체의 최적화를 보장하지 않는다는 개념을 '구성의 오류 Fallacy of Composition'라고 한다.

일반적으로 채권보다는 주식의 변동성이 큰 편이다. 따라서 채권운용본부에서는 좋아하지 않겠지만 포트폴리오에 큰 영향을 미치는 변동성이 큰 주식비중을 먼저 결정하고 채권비중은 역으로 맞추는 방식이 바람직하다. 따라서 채권과 주식을 동시에 편입하는 포트폴리오에서의 채권형 자산의 가장 큰 기능은 언제든지 주식에 투입할 수 있는 주식매수 대기자금이 되어야 한다.

가장 환금성이 높은 자산은 현금 그 자체인데, 현금으로 보유하는 것은 분실 또는 도난 위험이 있다. 그래서 현실적으로는 언제든지 현금화가 가능한 상태로 예치하게 되는데, 증권사에 예치하면 고객예탁금이 되고, 은행에 예치하면 수시입출금예금이 된다.

투자 수익보다는 환금성 극대화에 초점을 맞춘 상태다. 당연히 금리는 무시할 정도로 매우 낮다. 증권사는 모든 고객예탁금을 증권금융에 예치하도록 강제되어 있어 혹시 증권사가 부도나더라도 고객이 예탁금을 날릴 위험은 없다. 은행은 5천만 원까지 예금보호가 되고 있다.

그런데 고객예탁금이나 수시입출금예금은 지나치게 금리가 낮기 때문에 이보다는 약간 높은 금리를 추구할 수도 있다. 그래서 주식투자자들이 많이 활용하는 투자 대상으로 RP$^{\text{Repurchase Agreement}}$(환매조건부채권)가 있다. RP는 증권사가 보유한 채권을 고객에게 팔았다가 일정한 이자를 붙여서 사주겠다고 약속하는 제도를 말한다. 증권사 입장에서 보면 채권을 담보로 자금을 조달하는 형태다.

혹시라도 증권사에 문제가 생기더라도 조건부로 매수한 채권을 확보해 두었기 때문에 비교적 안전하다. RP는 원래 일정한 기간을 약정하는 게 일반적이지만, 최근에는 수시입출금예금과 마찬가지로 수시입출금RP도 활용할 수 있다. 한국에서는 일반 투자자를 상대로 한 RP에는 대체로 국채를 활용하고 있다.

또 RP와 금리수준이 유사하고 환금성이 탁월한 투자대상으로 CMA와 MMF가 있다. CMA$^{\text{Cash Management Account}}$(현금운용계좌)는 종합금융사가 단기채권, 단기CD, 단기CP$^{\text{Commercial Paper}}$(기업어음)에 투자하여 수익을 도모하는 계좌

서비스를 말한다.

MMF^{Money Market Fund}(단기금융펀드)는 자산운용사가 단기통화채권, 단기CP, 단기CD, 콜 등에 투자하여 수익을 추구하는 펀드를 말한다. 모두 환금성과 안전성이 뛰어난 대신에 투자 수익은 상대적으로 낮은 수준이다. 증권사에 따라서는 약정절차를 거쳐 고객예탁금을 수시입출금RP나 CMA로 자동으로 전환해주기도 한다.

그런데 포트폴리오에 채권비중을 모두 소진하면서 주식비중을 확대하는 경우는 극히 드물기 때문에 어느 정도는 채권을 보유하는 편이 일반적이다. 따라서 주식을 매수하기 위한 예비자금이라는 역할에서 비교적 자유로운 수준이 존재한다. 이런 경우에는 보다 채권 중심적인 선정이 바람직하다.

환금성은 다소 양보하면서 약간의 추가수익을 도모하는 방식으로 정기예금이나 이를 유동화한 CD^{Certificate of Deposit}(양도성정기예금증서)에 투자할 수 있다. CD는 필요시에 언제든지 매도할 수 있다는 장점이 있는 반면, 수익률이 상승하면 손실이 발생할 수도 있다.

조금 더 만기를 늘려보면 국채 3년물도 투자의 대상이 될 수 있다. 미국에서는 국채 10년물을 주로 기준으로 삼고, 국채 30년물도 거래가 활발한 편이다. 한국에서는 국채 3년물을 주로 기준으로 삼고, 장기물은 별로 존재하지 않거나 있더라도 거래가 활발하지 못한 편이다. 따라서 포트폴리오에 국채 3년물을 편입하는 것이 무난한 선택이라고 할 수 있다. 산업은행, IBK기업은행 등 금융기관이 발행하는 채권인 금융채에 투자할 수도 있다. 금융기관이 발행하는 만큼 예금이나 마찬가지로 안전하면서도 유통시장에서 매도할 수 있다는 장점이 있다.

방어적 투자자에게 추천하는 주식

그레이엄은 여러 챕터에 걸쳐 방어적 투자자를 위한 주식 종목선정 기준을 제시하고 있는데, 일부는 중복되고 반복되기도 한다. 그레이엄이 제시한 조건을 인용하면 다음과 같다.

방어적 투자자의 포트폴리오에 포함되기 위한 일곱 가지 계량적 요건
1. 규모의 적정성
2. 충분히 건전한 재무 상태
3. 지난 20년 동안 연속 배당금 지급
4. 지난 10년 동안 연속 흑자
5. 최근 10년간 최소 1/3 이상의 EPS 성장
6. PER 15배 이하(최근 3년 평균 EPS 적용)
7. PBR 1.5배 이하(13장)

또 다음 챕터에서는 보다 자세하게 이렇게 제시했다.

1. 규모의 적정성

여기 적시한 모든 기준은 어느 정도 자의적일 수밖에 없으며, 규모 기준 역시 마찬가지이다. 나의 기본적인 의도는 변동성이 과도하게 나타날 가능성이 높은 소규모 기업, 특히 산업주 부문의 기업을 배제하려는 것이다. (이러한 기업들에도 종종 좋은 기회가 존재하지만, 방어적 투자자가 투자하기에는 적합하지 않다고 판단된다.) 이러한 관점에서

대략적으로 적정하다고 판단되는 금액 기준은 산업주의 경우 연간 매출이 최소 1억 달러 이상, 공익기업의 경우 총자산이 최소 5천만 달러 이상은 되어야 한다.

2. 충분히 건전한 재무 상태

산업주의 경우, 유동자산은 유동부채의 최소 두 배 이상이어야 한다. 즉 유동비율이 두 배를 넘어야 한다. 또한 장기부채는 순유동자산(또는 운전자본)보다 적어야 한다. 공익기업의 경우, 부채는 자기자본의 두 배를 초과하지 않아야 한다.

3. 배당 실적

지난 20년 동안 연속으로 배당을 지급했어야 한다.

4. 이익 안정성

지난 10년 동안 연속 흑자를 기록했어야 한다.

5. 이익 성장성

지난 10년 동안 EPS가 최소 33% 이상 성장했어야 한다. 이는 시작 시점과 종료 시점에서 3년 평균치를 사용하여 계산한다.

6. 적정한 PER

현재 주가는 최근 3년 평균 이익의 15배를 초과해서는 안 된다.

7. 적정한 PBR

현재 PBR이 1.5배를 초과해서는 안 된다. 그러나 PER이 15 미만일 경우, PBR이 이에 반비례하여 더 높아지는 것은 허용할 수 있다. 대략적인 기준으로 PER과 PBR의 곱이 22.5를 초과하지 않으면 된다. (이 기준은 PER 15배와 PBR 1.5배에 해당한다. 예를 들어 PER이 9배 밖에 되지 않는다면 PBR이 2.5배 정도가 되어도 이 기준을 충족한다.)(14장)

이상과 같이 제시한 조건을 요약 정리하면 다음과 같다.

① 지나치지 않게 적절한 분산투자(최소 10개 ~ 최대 30개 종목)

② 대형선도기업(부채비율 100% 이하, 자산 또는 매출 5천만 달러 이상, 시장 점유율 1/4~1/3 이상)
③ 과거 20년간 지속적으로 배당을 지급한 기업
④ 과거 10년간 적자가 발생하지 않은 기업
⑤ 7년간 평균이익의 25배(PER 25배), 지난 12개월간 이익의 20배(PER 20배) 이하
⑥ PBR 1.5배 이하
⑦ PER×PBR 22.5배 이하

 채권의 경우처럼 종류별로 제시하지 않고 다양한 조건을 제시하고 있다. 일종의 필터링Filtering이자, 퀀트 방식이라고 볼 수도 있다. 여기서 가장 중요한 키워드는 대형선도기업이다. 한국 가치투자자들은 코스닥 종목을 선호하는 경향이 뚜렷한데, 그레이엄이 중소형주를 권하지 않았다는 점이 인상적이다.
 대형선도기업은 불경기나 경제 위기에서 살아남았고, 치킨게임Game of Chicken의 승자가 되었다는 점에 주목한 것으로 보인다. 또한 기업의 수익성, 즉 ROE 등을 우선적으로 생각하지 않았다는 점은 의외다. 단지 지속적으로 배당을 지급할 정도면 만족했다.
 7년 평균이익의 25배로 기준을 삼은 이유는 앞에서 논의한 것처럼 경기조정PER을 적용하려는 의도가 있다고 보아야 한다. 여기서 PER 25배라는 기준은 아마도 당시의 금리와 성장률을 염두에 두고 산출한 수치라고 생각된다.
 여기서 특이한 조건은 PER×PBR이 22.5배 이하여야 한다는 점이다. 다시 말해 PER이 높다면 PBR이라도 낮든지, PBR이 높다면 PER이라도 낮아야 한다는 것이다. 주가가 높아서 PER이 높아진 것이라면 PBR도 높아질 수

밖에 없는데 여기에 적합한 조건은 아니다. 따라서 일시적으로 EPS가 감소하여 PER이 높아졌지만, 저PBR이라면 괜찮다는 의미다. 또 주가가 높아서 PBR이 높아진 것이라면 PER도 높아질 수밖에 없는데 여기에 적합한 조건은 아니다. 따라서 주가가 높아져서 고PBR이 되었지만, EPS가 증가하여 저PER이라면 괜찮다는 의미다.

> 투자자는 신규 상장 주식이나 유망주라고 불리는 종목, 즉 단기 수익을 목적으로 추천되는 주식을 매수함으로써 평균 이상의 성과를 기대할 수 없다. 장기적으로는 그 반대의 경우가 거의 확실하게 발생할 것이다.(1장)

> 방어적 투자자에게 일반적으로 성장주는 너무 불확실하고 위험하다고 생각하는 이유를 이해할 수 있을 것이다. 물론 적절한 개별 종목을 잘 선택해서 적당한 수준에서 매수하고 나중에 주가가 크게 오르면 하락하기 전에 매도하는 방식으로 엄청난 성과를 낼 수 있다. 하지만 일반 투자자가 이런 성과를 기대하는 것은 돈이 열리는 나무를 찾는 것과 같다.(5장)

이렇게 그레이엄은 유망주나 신규 상장 주식, 성장주에 대해 분명하게 부정적인 시각을 가지고 있다. 물론 이들 주식에 투자해서 성공하는 투자자도 있겠지만, 일반 투자자에게는 가당치도 않은 일이라고 일축하고 있다.

> 주가가 순자산가치를 지나치게 초과한 주식은 피해야 한다. 주가가 유형자산가치보다 3분의 1이상 높으면 배제해야 한다. 이러한 수준이나 그 이하에서의 매수는 회사의 재무제표에 근거한 것이므로, 주가의 등락에 초연할 수 있다.
> 하지만 여기에는 주의가 필요하다. 주식이 순자산가치 이하로 거래된다고 해서 무

조건 건전한 투자 대상이라고 하면 곤란하다. PER이 지나치게 높지 않아야 하고, 재무제표가 만족스러워야 하며, 수익이 적어도 몇 년간 현재 수준을 유지할 수 있어야 한다. 저평가된 주식을 찾는 조건이 너무 복잡하다고 생각할 수 있지만, 시장이 전체적으로 과열된 상황이 아니라면 이를 충족하는 주식을 어렵지 않게 찾을 수 있을 것이다. 전망이 탁월한 주식, 즉 평균보다 높은 성장률을 보일 주식을 찾겠다는 생각만 어느 정도 포기하면, 이러한 기준을 충족하는 주식은 충분히 많이 있다. 이러한 자산가치를 갖춘 주식들로 포트폴리오를 구성한 투자자는 고평가된 성장주를 보유한 투자자보다 주식시장의 등락을 훨씬 더 공정하고 객관적으로 바라볼 수 있다.(8장)

그레이엄은 유형자산가치보다 30% 이상 저평가된 종목에 관심을 가지라고 권고했다. 제자인 버핏이 무형자산인 경제적 해자 또는 경제적 영업권을 중요하게 생각한 점과 대조적이다. 대공황을 겪으면서 실체가 존재하는 유형자산을 더욱 믿음직스럽게 생각한 면도 있겠지만, 당시에는 무형자산에 대한 적절한 가치평가를 하기에는 충분한 연구가 이루어지지 않았기 때문이기도 할 것이다.

저PBR 투자 전략을 권했다는 이유로 그레이엄을 자산가치 투자자라고 분류하는 경향이 있다. 그런데 그레이엄은 저PBR주에 투자한다고 반드시 안전한 것은 아니기 때문에 주의하라고 당부한다. 반드시 양호한 수익성, 건전한 재무구조, 이익의 안정성까지 충족해야 한다는 것이다.

아쉽지만 이제 더 이상은 오지 않는 기회들이다. 공장 건물과 기타 자산을 제외하고 모든 부채를 공제한 순유동자산(운전자본)의 가치보다 명백히 낮은 가격에 거래되는 저평가 종목들이 바로 그런 기회들인데, 이런 주식들은 기업의 가치보다 훨씬 낮은 가격에 거래되는 것이 분명하다. 나 역시 월스트리트에서 이런 종목들의 매수에 운용의 많은 부분을 집중했었다. 어떤 소유주나 대주주도 자신의 자산을 이렇게 터무니없이 낮은 가격에 매각하지는 않을 것이다.(1장)

그레이엄이 '황금기회 Golden Opportunities'라는 자극적인 표현을 사용하며 특정 조건의 주식을 강력하게 추천했다는 점은 이례적인 일이다. 시가총액이 NCAV에도 미치지 못할 정도로 저평가된 종목을 말한다. 대공황처럼 경제 상황이 크게 악화되었거나, 기업에 심각한 문제가 발생하여 주가가 폭락한 경우가 아니라면 정상적인 상황에서 이런 조건을 충족하는 종목은 거의 찾아보기 힘들다. 그리고 어쩌다가 이런 종목을 찾더라도 웬만한 배짱이 있지 않고서는 선뜻 투자하기 어려울 것이다. 이런 종목에 투자하면 유용할지 여부는 나중에 퀀트를 다루는 챕터에서 자세하게 따져보기로 한다.

한국의 방어적 투자자에게 추천할 만한 주식

① 지나치지 않게 적절한 분산투자(최소 10개 ~ 최대 30개 종목)
② 대형주(부채비율 100% 이하, 시가총액 5천억 원 이상, 업종 내 매출액 선두)
③ 10년 평균 ROA 또는 ROE 기준 상대적 우량기업

포트폴리오에 편입한 종목수는 별로 달라질 이유가 없다. 20종목을 기준으로 10~30종목으로 제안한다. 또 그레이엄이 말하는 대형선도기업은 대형우량주라고 이해하면 좋을 것 같다. 자산 5천만 달러를 환율 1,000원을 기준으로 환산하면, 자산 500억 원 수준이 되는데, 당시의 기준인 점을 감안

하면 최근의 수준으로 업데이트할 필요가 있다. 또 자산보다는 시가총액을 기준으로 대형주를 정의하는 것이 최근의 경향이다.

KOSPI200 종목 중에서 시가총액 10분위 중 최하위가 5천억 원대 이하인 점을 감안하면, 대략 5천억 원 이상을 대형주로 정의해도 무방하다고 본다. 이렇게 기준을 잡는 방식마저 불편하다면 그냥 KOSPI200 편입종목으로 선택해도 별 문제가 없다. 같은 업종 내에서는 매출액 선두기업을 선택한다.

경기 변동을 포함하여 10년 평균 ROA가 국채 3년물 채권수익률보다 3% 초과하는 기업으로 한정한다. 여기서 3%란 주식의 요구수익률이 채권수익률보다 높은 주식위험 프리미엄을 의미한다. 기업의 사업모델의 특성상 레버리지를 필수적으로 사용할 수밖에 없는 금융, 건설, 조선 등의 산업은 ROA로 적용하면 지나치게 가혹한 조건이 될 수도 있다. 권장사항은 아니지만 ROE를 예외적으로 적용할 수도 있다.

적극적 투자자에게 추천하는 채권

① 공격적 투자는 우량기업의 우선주는 법인 투자자들에게 양보해야 한다. 채권 투자는 방어적 투자자에게 추천한 방법을 따르는 것이 좋다.
② 비우량등급 채권은 수익률이 높기 때문에 가격 하락을 상쇄할 수도 있다.
③ 호주나 노르웨이처럼 높은 신뢰를 갖고 있는 나라의 국채라면 미래에 대해 크게 걱정할 필요는 없다.
④ 전환사채 및 우선주 외에도 신규로 상장된 종목이나 최근에 갑자기 우수한 실적을 기록한 종목들 역시 좋아 보일 수 있지만 신중하게 접근할 필요가 있다.
⑤ 신규 상장 주식은 아예 얽히지 않는 것이 좋다.(6장)

그레이엄은 적극적 투자자를 위해 특정한 채권의 종류를 추가로 권하지 않았다. 적극적 투자자는 약간의 수익을 추가하려고 위험을 무릅쓰기 마련인데, 그레이엄은 이런 태도는 바람직하지 않다고 강조한다. 적극적 투자자라도 여전히 배제법을 따라야 한다고 조언했다.

당시에도 CB, 우선주, 신종 금융상품, 외국정부 채권에 기웃거리는 적극적 투자자가 많았던 것 같다. 하지만 그레이엄의 조언은 신중을 기하라는 것인데, 가급적 하지 말라고 해석하면 정확하다. 따라서 아무리 적극적 투자자라도 방어적 투자자에게 추천한 채권의 범주를 벗어나는 것은 바람직하지 않다는 의미다.

> 더 높은 수익을 얻기 위해서 더 큰 위험을 감수하는 것이 '사업가의 투자'라는 대중적 착각에 경종을 울리고 있다. 연간 수익률이 1~2% 더 높다는 이유만으로 투자한 원금에 심각한 손실을 야기하는 위험을 감수해서는 안 된다. 위험을 감수하려 한다면, 상황이 잘 풀렸을 때 높은 투자수익을 실현할 수 있어야 한다.(6장)

비슷한 느낌으로 윌리엄 번스타인은 《현명한 자산배분 투자자》에서 이렇게 말했다. "채권 자산은 위기 때 정부가 책임지는 국채여야 한다. 국채에 비해 추가 수익을 얻으려고 회사채에 투자하고 스트레스를 받을 거면 차라리 주식에 투자하는 편이 낫다."

테드 윌리엄스$^{\text{Ted Williams}}$는 메이저 리그에서 최후의 4할 타자를 기록한 전설로 알려져 있다. 1941년 테드 윌리엄스가 타율 0.406을 기록한 이후 4할 타자는 아직 나타나지 않고 있다. 테드 윌리엄스는 《타격의 과학》에서 이렇게 말했다. "타격에 관한 첫 번째 원칙은 좋은 공을 골라 치는 것이다. 어떤

〈그림 4-1〉 테드 윌리엄스의 스트라이크 존

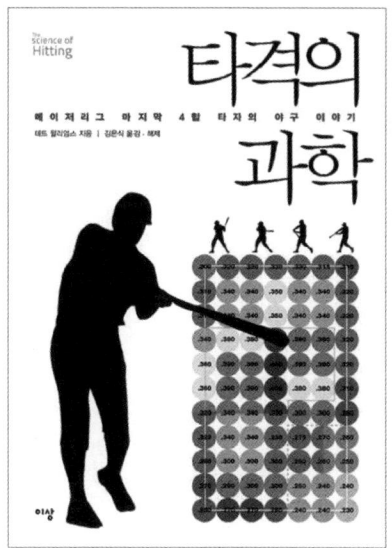

• 테드 윌리엄스의 《타격의 과학》 번역판 표지

코스로 들어와야 좋은 공인지 확률로 따져서 알 수 있었다. 4할 이상을 기록할 수 있는 '해피 코스Happy Course'를 가장 좋아한다. 스트라이크 존을 2인치씩 넓혀주면, 존의 크기가 35%나 커진다. 그러면 투수에게 유리해지기 때문에, 당신은 4할 타자가 아니라 2할 5푼짜리 타자가 되고 만다."

로렌스 커닝햄이 엮은 《워런 버핏의 주주서한》을 참조하면 버핏은 이렇게 말했다. "테드 윌리엄스는 스트라이크 존을 77개로 나눈 후, 가장 좋은 칸Sweet Spot으로 들어오는 공만 노렸기 때문에 4할 타자가 될 수 있었습니다." 그런데 투자가 야구보다 훨씬 유리하다고 말한다. 삼진 아웃이 없기 때문이다. 스트라이크가 들어올 때까지 얼마든지 기다렸다가, 마침내 기회가 왔을 때 방망이를 힘껏 휘두르면 된다. 사람들이 "휘둘러, 멍청아! Swing, You Bum!"라고 야유를 보내도, 무시하면 그만이다.

버핏은 자신의 '능력 범위 Circle of Competence'에 머무르라고 충고했다. 2미터 높이의 장애물에 무리하게 도전하는 것보다, 안전하게 30센치 높이의 장애물을 넘는 편이 승산이 있다는 것이다. 즉 적극적 투자자라도 방어적 투자자와 마찬가지로 배제법으로 접근하는 편이 바람직하다.

일반 투자자에게는 비우량채권과 우선주를 할인된 가격으로 살 수 있는 기회는 거의 발생하지 않는다. 버핏은 2008년에 10% 고정배당을 받으면서 보통주로 전환할 수 있는 조건으로 골드만삭스 영구우선주에 50억 달러를 투자한 적이 있다. 리먼브라더스가 부도가 나는 등 전대미문의 글로벌 금융위기가 발생한데다가 자금력이 두둑한 버핏이었기에 가능한 일이었다.

이렇게 유리하게 보이는 투자 기회가 일반 투자자에게까지 순순히 차례가 온다면 아마도 망하는 지름길일 가능성이 높다. 적극적 투자자라면 실패하지 않기 위해 철저하게 분석을 할 수 있거나, 리스크를 감당할 자신이 있어야 한다.

CB나 BW 등 주식관련사채는 채권이 유리할 때는 채권으로 유지하다가, 주식이 유리할 때는 주식으로 전환하는 변신 로봇 Transformer과 같은 매력이 있다. 주식관련사채는 한마디로 채권에 주식 콜옵션을 부가한 것이다.

전환사채에서 우량등급 채권의 안정성과 가격 보호, 그리고 주식 가격 상승의 혜택

을 모두 기대하는 것은 착각에 불과하다.(8장)

전환증권도 다른 형태의 증권과 마찬가지로 그 자체로 유리하거나 불리하지는 않다는 주장일 것이다. 전환증권의 가치 역시 개별 발행 조건과 이를 둘러싼 모든 상황에 따라 결정되기 때문이다.(16장)

한국채권투자자문의 김형호 대표가《펀드매니저가 쓴 채권투자 노트》에서 "20여 년간 증권업계에서 근무하는 동안, 주식관련사채 만큼 매력적인 자산은 보지 못했다"고 고백할 정도로 주식관련사채는 채권을 전문적으로 운용하는 펀드매니저에게 매력적인 투자 대상이다.

주식보다 선순위로 안전한 채권이면서도 상황에 따라 주식투자 수익도 기대할 수 있는 꿩도 먹고 알도 먹을 수 있기 때문이다. 업무상 채권 펀드매니저는 주식에 투자하지 못한다. 그런데 형태는 채권이지만, 사실상 주식과 마찬가지라는 점 때문에 주식관련사채에 매력을 느끼는 것이 아닌가 생각된다.

하지만 주식투자자의 관점에서 보면 그렇지 않을 수도 있다. 기업이 주식 콜옵션까지 부가하면서 자금을 조달해야 하는 상황이라면, 일반사채로는 자금 조달이 여의치 않다는 반증이다.

다시 말해서 자금시장이 매우 힘들거나 기업이 상당한 자금난에 처했다는 의미다. 상황이 이렇다면 채권보다 후순위인 주식은 매우 위험이 커질 수밖에 없다. 다시 말해서 어떤 기업이 주식관련사채를 발행한다고 하면 매우 위험한 신호로 보아 매도하는 편이 좋다.

채권은 주식보다 선순위이므로 약간은 위험부담이 적다고 할 수 있다. 기업이 자금난에 처하면서 심각한 구조조정에 들어갈 경우, 주식은 무상 감자를 통하여 소각되고 채권은 주식으로 전환되는 경우가 있다. 주식투자자가 보유한 주식은 휴지조각이 되어 버리지만, 채권투자자가 보유한 채권은 주식으로 전환되면서 후일을 도모할 수 있다.

인덱스 펀드와 같이 어떤 사유로 굳이 그 주식을 보유해야 한다면, 주식을 팔고 대신 주식관련사채로 바꾸는 편이 좋다. 하지만 일반 투자자가 그럴 일은 거의 없다. 어차피 주식을 상당한 비중으로 포트폴리오에 포함시키려고 하는 일반 투자자라면 굳이 주식관련사채를 통해 어중간하게 주식투자 수익을 도모할 이유가 크지 않다. 그럴 바에는 차라리 우량주를 대상으로 주식투자 비중을 늘리는 편이 확실하다.

환헤지 통화옵션 상품인 '키코^{KIKO}'로 국내 기업들이 입은 손실이 1년 사이 배로 늘어난 것으로 조사됐다. 또 키코 계약에 따른 이익이 없다던 은행들이 311억 원의 이익을 챙긴 것으로 나타났다. 13일 금융감독원이 국회에 제출한 자료에 따르면 지난해 8월 1조6943억 원이던 키코 손실은 올해 8월 현재 3조3528억 원으로 97.9% 증가했다. 키코 손실은 대기업보다 중소기업이 더 컸다. 지난 8월 기준으로 대기업의 키코 손실액이 9157억 원인데 비해 중소기업 손실액은 2조4371억 원에 달했다. (경향비즈 2009.10.13)

대한민국은 수출로 먹고 산다고 해도 틀린 말이 아니다. 수출 결제 대금으로 받게 될 외화에 대해 환율 위험에 노출되어 있는 기업으로서는 환율 변동이 여간 신경 쓰이는 문제가 아닐 수 없다. 그래서 환율 변동을 헤지하는 일종의 보험상품이라는 감언이설에 속아 수많은 중소기업이 KIKO$^{Knock-In\ Knock-Out}$라는 신종 금융상품에 가입한 적이 있다.

물론 정상적인 상황에서는 약간의 도움이 되기도 했다. 하지만 2008년 글로벌 금융위기가 발생하자 수조 원 대의 손실이 발생했다. 알고 보니 아주 좁은 범위에서만 제한된 이익이 발생하고 그 범위를 벗어나면 무한대의 손실이 발생하는 옵션 매도 구조의 파생상품이었다.

같은 시기에 미국에서는 대출 부적격자에게 주택을 담보로 대출한 서브 프라임 모기지 자산$^{Sub-Prime\ Mortgage\ Asset}$을 한데 묶은 CDO$^{Collateralized\ Debt\ Obligation}$(부채담보부증권)를 만들어냈다. 그런데 CDO에 채무불이행이 발생하지 않을 경우 약간의 이익이 발생하는 CDS$^{Credit\ Default\ Swap}$(신용부도스와프)를 매수한 투자자들에게 큰 손실이 발생했다.

알고 보니 CDS란 서브 프라임 모기지에서 부도가 날 경우 투자자가 보험사처럼 모든 책임을 져야 하는 일종의 풋옵션 매도의 구조를 가진 신종 금융상품이었던 것이다. 대출 부적격자가 일으킨 대출이라는 점에서 사고는 예정되어 있었다고 볼 수도 있는데, 투자 전문가라는 기관 투자가마저 무분별하게 투자했다는 점은 이해할 수 없다. 그 결과 베어스턴스, 리만브라더스, AIG 등이 줄줄이 문을 닫을 만큼 핵폭풍을 얻어맞았다.

현재 논란이 된 상품은 미국 · 영국의 CMS$^{Constant\ Maturity\ Swap}$ 금리와 독일 국채 10년물을 기초자산으로 삼은 DLS와 이를 편입한 펀드^{DLF}다. 금리가 최초 약정한 수준 이상으로 유지되면 연 3~4% 수익을 내지만 기준치 이하로 떨어지면 하락 폭에 따라 원금을 모두 잃을 수 있는 고위험 상품이다. 우리은행과 하나은행 등에서 8224억 원어치가 팔렸다. 은행 등은 해당 상품의 투자자를 공개 모집하지 않고, 사모펀드 형태로 PB 고객 등에게 최소 1억 원 이상 고액 투자를 받았다. 대부분 자산가나 퇴직자가 투자한 것으로 알려졌다. *(한국경제 2019.08.22)*

2019년에는 국내 자산운용사가 운용하고 은행권이 판매한 사모펀드에 큰 손실이 발생했다. 이 펀드에서는 독일 국채 금리 DLS$^{Derivative\ Linked\ Securities}$(파생결합증권)에 투자했는데, 독일의 기준 금리의 예상 범위 임계점을 하락 돌파하면서 발생했다. 알고 보니 금리가 정해진 범위를 벗어나면서 하락하면 손실이 발생하는 금리 옵션 매도 구조의 파생상품이었다. 이 상품은 여러 은행에서 매우 안전한 신종 금융상품이라고 소개하면서 개인에게 수천억 원이나 판매되었다는 점이 문제였다. 파생상품에 대해 제대로 알 리가 없는 노년층이 노후자금을 탈탈 털어 가입했다고 알려지고 있어 안타까움을 더했다.

사실 지금 열거한 신종 금융상품이 엄청난 대박을 안겨주는 것도 아니었다. 그저 투자자 입장에서는 소박하게 금리보다 약간의 추가 수익을 추구했을 뿐인데, 그 대가는 너무나 참담해서 무서울 정도였다. 여기서 분명한 교훈을 얻게 된다. 조그만 이익이라도 손쉽게 얻으려고 하지 말아야 한다. 누군가 거저 이득을 준다고 하면 반드시 큰 위험이 도사리고 있다고 경계해야 한다. 세상에 공짜보다 비싼 것은 없다는 점을 명심해야 한다. 반복하는 말이지만 어차피 위험을 조금 감당할 생각이라면 차라리 우량주에 대한 투자 비중을 높이는 편이 낫다.

몇 년 전부터 한국 투자자들은 브라질, 터키 등 외국 정부채권에 열광하고 있다. 경제 상황이 매우 불안정하여 높은 채권수익률을 제공하기 때문에 매력을 느끼지 않을 수 없다. 브라질이 안정을 되찾으면 외환차익도 상당히 기대된다. 브라질이 모라토리엄을 선언하지 않는 이상 버티기만 하면 채권투자 수익에 외환차익까지 대박을 터뜨릴 가능성도 있다.

하지만 채권수익률이 높다는 것은 그만큼 부도 위험이 높다는 의미다. 만에 하나라도 부도가 발생한다면 답이 없다는 것이다. 그러니까 이는 투자가 아니라 투기 또는 도박의 영역이다. 그래서 그레이엄은 선진국이 아닌 외국 정부채권에는 투자하지 말라고 한다. 역으로 말하면 굳이 외국 정부채권에 투자하려면 선진국에 국한하라는 의미다.

신환종 센터장은 《글로벌 투자 여행》에서 미국, 유럽 등 선진국뿐만 아니라 브라질, 멕시코, 인도, 인도네시아, 베트남 등 신흥국에서 투자의 기회를 찾으라고 권하고 있다. 해외 투자를 너무 어렵게 받아들이지 말라고 한다. 하지만 일반 투자자들에게 해외 채권투자는 여전히 쉽지 않은 영역이다. 굳이 신흥국에 투자하려면 신환종 센터장과 같은 투자 전문가에게 맡기는 것이 상책이다.

그레이엄의 권고대로 외국 정부채권에 투자하려면 선진국 정부채권에 투자하는 편이 안전하다. 가장 대표적인 선진국 정부채권은 바로 미국 국채인 TB다. TB는 만기에 따라 단기물은 Treasury Bill, 장기물은 Treasury Bond라고 한다. 최근 TB의 수익률은 한국 국채와 비슷한 수준이다. 하지만 TB와 KOSPI가 역의 상관관계를 보이고 있어, 자산배분의 측면에서 활용도가 매우 높다. 이 부분은 나중에 7장 자산배분에 관한 챕터에서 자세히 논의하겠다.

2008년의 글로벌 금융위기가 발생한 이후 아직까지 의미 있는 회복이 이루어졌다고 보기에는 미흡한 면이 없지 않다. 게다가 나홀로 상승세를 보인 미국의 주식시장만을 보면 또 다른 위기가 멀지 않았다는 비관론도 있는데, 그럴수록 '안전자산으로의 도피 Flight to Safety'라는 현상이 발생하면서 달러 강세가 발생하는 경향이 있으므로, 포트폴리오 헤지 효과를 볼 수 있다.

일본은 세계에서 가장 높은 국가부채를 가진 국가 중의 하나다. 그럼에도 불구하고 브라질처럼 불안하지 않은 이유는 정부에서 발행한 채권의 대부분을 일본 내국인이 보유하고 있기 때문이다. 한국의 강남 아파트에 열광하는 복부인(福婦人)이 있는 것처럼 일본에는 와타나베 부인 Mrs. Watanabe 이라는 투자 집단이 있다. 이들은 제로 금리에 가까운 엔화로 자금을 조달하여 그보다 상당한 수익률 스프레드를 추구하며 달러 표시 외화채권에 투자하는 개인 투자자들을 말한다.

이렇게 일본 정부가 발행한 달러 표시 채권에 일본 내국인이 투자한다. 다시 말해 일본 국민이라는 위치에서는 자신들의 정부를 누구보다 믿기 때문이다. 개인 투자자 뿐만 아니라 생명보험사 등 일본 기관 투자가들도 달러 표시 일본 정부채권을 보유하고 있다. 일본 정부로서도 자국 국민과 기관 투자가들이 대거 보유한 채권을 굳이 부도내서 정치적 문제를 만들고 싶지는 않을 것이다.

이런 사실은 우리 한국 투자자에게도 시사하는 바가 크다. 다시 말해서 한국 투자자도 굳이 달러 표시 외화채권에 투자할 생각이라면, 선진국이든 후진국이든 다른 나라의 정부채권에 기웃거리지 말고 한국 정부가 발행한 달러 표시 채권에 투자하는 것도 괜찮을 것 같다. 한국의 증권사들도 브라질이나 터키 등의 정부채권을 판매하려고 애쓰는 만큼이나 한국 정부가 발행한 달러 표시 채권을 확보해서 개인에게 판매하는 서비스를 확대하면 좋지 않을까?

한국의 적극적 투자자에게 추천할 만한 채권

①   채권형 ETF
②   TIPS, 우량기업 회사채
③   미국 국채
④   채권성 펀드 또는 채권성 주식

한국의 적극적 투자자라면 방어적 투자자의 채권 종목에 추가해서 위와 같이 선택할 투자 대상의 범위를 넓힐 수 있다. 일단 개별 종목을 선택하는 것이 부담된다면, 시장에 상장되어 있는 채권형 ETF를 활용해도 괜찮다. 다만 이것도 일종의 채권 펀드이므로 수익률 변동에 따른 손실위험이 존재한다.

최근에는 물가가 워낙 낮은 수준이기는 하지만, 인플레이션을 방어하고 싶다면 TIPS^{Treasury Inflation-Protected Securities}(물가연동국채)를 고려할 수도 있다. 또 신용등급 A급 이상의 우량기업의 회사채에 직접 투자하는 방법도 가능하다.

미국이 기침을 하면 한국은 몸살이 걸린다는 이야기가 있다. 미국에 비해 한국의 주식은 상대적으로 변동이 심한 편이다. 그런데 한국의 투자자는 아무래도 자신이 잘 아는 한국 주식의 비중이 많을 수밖에 없다. 이런 현상을 자국편향^{Home Country Bias}이라고 한다. 이런 편향을 극복하려면 미국의 국채에 투자하는 것도 좋은 대안이다. 미국 국채로는 1년 미만의 단기국채^{Treasury Bill}와 1~30년 만기의 중장기국채^{Treasury Bond}가 있다.

적극적 투자자에게 추천할 만한 채권형 상품으로 채권성 펀드를 꼽을 수 있다. 매쿼리운용 등 인프라운용사에서 조성한 사회간접자본펀드나 선박운용사에서 선박을 구입하여 임대수익을 추구하는 선박펀드 등은 꾸준한 배당 또는 분배금을 지급하기 때문에 채권은 아니지만 채권성 펀드라고 말할 수 있다. 또 M&A를 통해 비상장기업을 상장시켜 차익을 거둘 목적으로 조성된 SPAC$^{\text{Special Purpose Acquisition Company}}$(기업인수목적회사) 펀드는 특별 배당까지 노릴 수 있어서 채권 대용 상품으로 매력적이다.

경기 변동에 관계없이 안정된 순이익과 더불어 꾸준한 배당을 지급하는 기업의 주식은 실제로는 주식이지만 사실상 채권과 마찬가지라고 볼 수 있다. 신한BNP자산운용 부사장을 역임한 서준식은《채권쟁이 서준식의 다시 쓰는 주식 투자 교과서》에서 채권성 주식에 대해 예측이 가능할 정도로 안정된 ROE 수준과 비교적 높은 배당수익률을 유지하는 우량기업의 주식이라고 정의했다. 채권성 주식을 개별적으로 선정하기 어렵다면, 배당수익률이 높은 주식으로 구성된 ETF로 대신할 수도 있다.

적극적 투자자에게 추천하는 주식

주식시장에서 공격적 투자자가 수익을 내는 방법은 매매 특성에 따라 크게 다음 네 가지로 나눌 수 있다.

① 주가수준이 낮을 때 매수해서 높을 때 매도
② 엄선된 성장주 매수
③ 다양한 저평가 종목 매수
④ '특수 상황'을 이용한 매매(7장)

공격적 투자자에게 추천하는 세 가지 투자 분야

① 상대적으로 소외된 대형주
② 저평가 종목 매수
③ 특수 상황, 워크아웃 (7장)

① 상대적으로 인기가 없고 합리적인 PER 수준에서 살 수 있는 대형주
② 순유동자산가치(NCAV)에도 못 미치는 염가 종목들
③ 특수 상황, 워크아웃을 이용하라
④ (주식의) 신규 상장을 조심하라 (5장)

그레이엄은 다양한 형태의 할인 종목에 관심을 가지라고 말한다. 그런데 이 분야는 전문가의 영역이라 일반 투자자의 능력범위를 벗어난 느낌이 없지 않다. 요약하면 NCAV(순유동자산)를 기준으로 판별하기를 권하고 있다. 이 방식은 NCAV보다 낮은 가격으로 거래되는 주식을 찾는 것이다. 여기서 그레이엄은 NCAV를 유동자산에서 우선주와 장기부채를 포함한 총부채를 차감한 것으로 정의했다.

또한 적극적 투자자라면 대형선도기업의 영역을 벗어나 2류기업에서도 할인 종목을 찾을 수 있다고 범위를 넓혔다. 2류기업이란 미래의 성장 전망이 불투명해서 언젠가는 망하지 않을까 우려하여 주가가 심하게 하락한 기업을 의미한다. 부실기업은 아니지만 그렇다고 특별한 해자를 가지고 있는 것도 아닌 그저 그런 기업으로 보인다. 특정 산업 분야에서 압도적인 선도기업에 비해 상당한 격차를 보이는 No.2의 기업을 말한다. 1류기업에 대한 편애가 과열된 것처럼, 2류기업에 대한 외면도 지나친 것으로 본다는 것이다.

2류기업을 할인해서 매수하면 다양한 방식으로 투자 수익이 발생한다.

배당수익률도 상대적으로 높을 뿐만 아니라, 재투자 수익률도 괜찮은 편이다. 또 저평가 해소가 지속적으로 이루어지는데, 강세장에서는 빨리 일어나기도 한다. 환경이나 경영방침의 변화에 긍정적인 영향을 받기도 하고, 특히 최근에는 인수합병의 대상이 될 때는 할인폭을 초과해서 주가 상승이 일어나기도 한다.

> 또한 차익거래, 워크아웃, 헤지거래와 같은 '특수 상황special situations'도 광범위하게 존재하는데, 수년 동안 이런 분야에 대해 잘 아는 사람이라면 전반적인 위험을 최소화하면서 연간 20% 이상의 수익을 기대할 수 있었다. 가장 전형적인 사례는 합병이나 인수 계획 발표에 따른 기회인데, 발표일 가격보다 훨씬 더 높은 가치를 제공하는 경우가 이에 해당한다.(1장)

특수상황이란 인수합병, 워크아웃, 소송 등이 진행 중인 경우다. 특별한 형태의 차익거래의 기회가 발생하는 경우도 포함된다. 비상한 정신력과 지식을 필요로 하는 전문적인 투자분야에서 특수상황을 이용한다. 적극적 투자자 중에서도 이에 해당하는 사람은 극소수일 것이다. 따라서 그레이엄은 이렇게 어려운 문제를 다루기에 이 책은 적합하지 않다고 생각한다.

IPO^{Initial Public Offering}(신주공모)는 주식을 신규로 상장하기 위해 공모하는 행위를 말한다. 윌리엄 번스타인은 《투자의 네 기둥》에서 IPO란 'It's Probably Overpriced(십중팔구 고평가되었을 것이다)'를 의미한다고 비꼬았다. 신규 상장 주식의 공모가격은 대체로 비싸기 마련이므로, 조심해야 한다는 의미다. 그레이엄도 현명한 투자자라면 강세시장에서 신규 상장 주식을 발행하는 판매자의 감언이설에 넘어가지 말아야 한다고 권고한다.

대니얼 피컷과 코리 렌이 공저한《워런 버핏 라이브》를 참조하면, 버핏은 2012년 버크셔 해서웨이 주주총회 Q&A에서 어리석은 투자에 대한 질문을 받고 이렇게 대답했다. "지난 30년 동안 버크셔는 신규 상장 주식을 매수해 본 적이 없습니다. 주식 물량을 내놓는 기존 대주주에게 가장 유리할 때 시장에 상장됩니다. 신규 상장 주식과 비슷한 투자 기회라면 수없이 많습니다. 그래서 나는 단 5초도 허비하지 않습니다."

한국의 적극적 투자자에게 추천할 만한 주식

① 지나치지 않게 적절한 분산투자(최소 10개 ~ 최대 30개 종목)
② 중소형주(부채비율 150% 이하, 시가총액 2천억 원 이상)
③ 10년 평균을 반영한 정상PER 기준 상대적 저평가
④ 내재가치를 목표로 구한 기대수익률 우량주

분산투자 요건은 한국의 방어적 투자자와 마찬가지로 권고한다. 다만 적극적 투자자에게는 부채비율과 시가총액 기준을 다소 완화한다. 기준을 다소 완화하는 만큼 보다 엄격한 검증과정이 요구된다. 경기 변동에 민감하지만 생존에는 지장이 없는 경기관련주나 원자재 관련주 등을 포함시킬 수 있다. 또 일시적인 악재나 사건 등으로 어려움을 겪고 있지만 회복 가능한 턴어라운드 Turn-Around 기업들도 포함시킬 수 있다.

앞에서 논의한 것처럼 특별손익을 제거하고 경기를 조정하기 위해 10년 평균을 반영한 정상PER을 기준으로 상대적 저평가 종목을 선정할 수 있다. 분기별 또는 연도별 실적을 업데이트하면서 종목 교체 및 리밸런싱을 지속

하는 방법을 추천한다. 나중에 포트폴리오 챕터에서 자세히 논의하겠다.

　DCF나 RIM 등 절대가치평가모형으로 추정한 내재가치를 목표로 구한 기대수익률이 높은 주식에 투자하는 것이 바람직하다. 이를 위해서는 내재가치를 구해야 하는데 일반 투자자로서는 약간 부담스러울 수 있다. 하지만 보다 적극적 투자자라면 약간의 수고는 감당할 용의가 있을 것이다.

5장

퀀트

5장

퀀트

또한 독자들에게 계량적으로 평가하는 습관을 심어주고자 한다.(서문)

가장 쉽게 식별할 수 있는 저평가 종목 유형은 회사의 모든 선순위 채무를 차감한 후의 순운전자본보다도 주가가 낮은 주식이다.(7장)

주식 포트폴리오를 구성할 때 방어적 투자자는 두 가지 접근 방식 중에서 하나를 선택할 수 있는데, 첫번째 방식은 다우지수 전체를 복제하는 방식이며 두번째 방식은 정량적 조건을 통과한 종목들만으로 포트폴리오를 구성하는 방식이다.

두번째 방식은 모든 종목에 일관된 기준을 적용하여 (1) 회사의 과거 실적과 현재 재무 상태를 점검하여 적정한 질적 기준을 충족하고, (2) PER과 PBR을 기준으로 너무 고평가되지 않은 종목들을 선별하는 것이다.

나는 주식을 분석할 때 항상 정량적 접근법을 고수해 왔다. 처음부터 구체적이고 입증 가능한 기준으로, 가격에 비해 충분한 가치를 확보하고 있는지 확인하고자 했다. 미래의 전망과 약속이 지금 당장 부족한 가치를 보완할 수 있다고 믿지 않았다. 이러한 관점은 애널리스트의 표준적인 견해는 아니다. 실제로 대다수 애널리스트는 미래 전망, 경영진의 역량, 기타 무형적인 요소, 그리고 인적 요소가 과거 기록, 대차대조표, 그리고 모든 냉정한 숫자로 구성된 지표들보다 훨씬 더 중요하다고 생각할 것이다.(14장)

앞에서 그레이엄은 NCAV 등 상당히 구체적인 종목선정 기준을 제시했다. 이를 두고 스티븐 그라이너$^{Steven\ Greiner}$는 《벤저민 그레이엄의 정량분석》에서 퀀트 투자의 역사는 벤저민 그레이엄으로부터 시작되었다고 설명하고 있다. 퀀트란 'Quantitative', 즉 '계량적'이란 말에서 비롯된 용어로 데이터를 분석하는 사람들을 가리킨다. 요즘 주목받는 데이터 사이언스$^{Data\ Science}$와 같은 맥락이다. '정성적^{Qualitative}'이라는 용어와 짝을 이루며 '정량적'이라고 번역하기도 한다.

스티븐 그라이너가 쓴《벤저민 그레이엄의 정량분석》의 원서명은《Ben Graham was a Quant》로서 "벤저민 그레이엄은 퀀트였다"는 의미다. 특히 재무 교육보다 공학 교육을 받은 사람이라면 그레이엄의 《현명한 투자자》와 씨름하기 전에《벤저민 그레이엄의 정량분석》을 먼저 읽어 보길 권한다. 스티븐 그라이너는 2009년 글로벌 금융위기 당시에 시장에 진입하도록 알려주는 유일한 신호는 그레이엄의 가치투자 전략이었을 것이라고 말했다. 그레이엄이 살아 있다면, 염가로 매수할 주식이 널려 있다고 말했을 것이라고 확신하고 있다.

스티븐 그라이너는 그레이엄이 제시한 요소를 테스트하였다. 이는 그레이엄 방법을 퀀트 모형으로 성공적으로 전환시키는 데 가장 중요한 것이다.

〈표 5-1〉 그레이엄 요소 집단의 평균 3개월 수익률 (1989~2009)

요소	5분위수	1	2	3	4	5	비고
1	BPS/주가	4.16	3.22	3.00	2.69	2.78	PBR의 역수
2	EPS/주가	4.71	3.23	2.84	2.56	2.27	PER의 역수
3	DPS/주가	5.44	3.31	2.70	2.53	2.90	배당수익률
4	유동비율	2.80	3.18	3.24	3.20	2.89	
5	규모	4.78	3.22	2.92	2.66	2.29	시가총액
6	이익 성장	3.84	3.55	2.91	2.43	2.52	
7	이익 안정성	2.96	3.48	3.21	2.95	2.89	EPS 표준편차
8	이익 안정성2	3.76	3.41	3.03	2.44	2.67	EBIT/시가총액
9	그레이엄 방법	4.17	3.30	3.03	2.64	2.40	1~7 요소 동일비중
10	그레이엄 방법2	4.02	3.22	3.01	2.68	2.43	1~6, 8 요소 동일비중

• 출처: 스티븐 그라이너, 《벤저민 그레이엄의 정량분석》 267쪽 〈표 6.2〉

〈그림 5-1〉 그레이엄 요소 집단의 5분위수 초과수익률

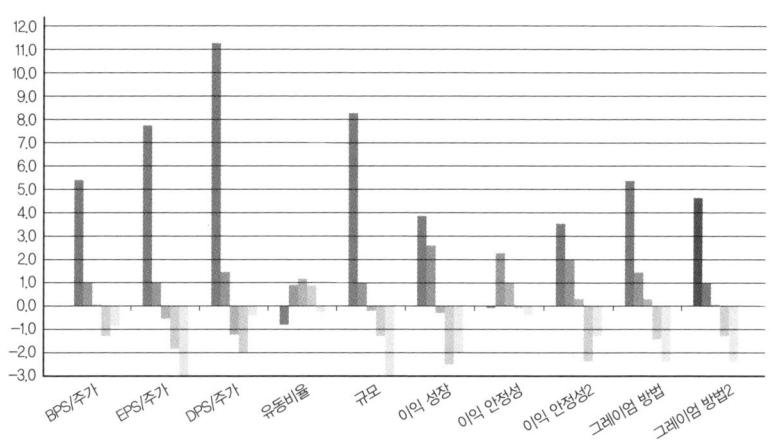

• 출처: 스티븐 그라이너, 《벤저민 그레이엄의 정량분석》 269쪽 〈그림 6.1〉

첫 번째 테스트는 각각의 요소로 주식을 분류하는 것이다. 이런 요소 분류는 그것들이 나아가 다요소 모형Multi Factor Model에 포함될 때 요소 노출Factor Exposure 또는 적재Loading라 부른다. 이런 요소 노출을 수익률에 대해 회귀분석하여 얻어지는 결과적인 회귀계수는 요소수익률이라 한다.

요소 테스트를 분석하면, 유동비율과 이익 안정성, 이익 안정성2를 제외하면 최상위 5분위가 최하위 5분위에 비해 수익률이 우수하다는 점을 알 수 있다. 〈그림 5-1〉은 이 결과에 수익률을 연율 환산하고 S&P500 시장수익률을 차감한 것이다. 유동비율과 이익 안정성을 제외하고 각 요소별로 최상위

〈표 5-2〉 그레이엄 요소 통계량과 적중률

요소	상승시장에서 벤치마크를 능가하는 %					하락시장에서 벤치마크를 능가하는 %				
	1	2	3	4	5	1	2	3	4	5
BPS/주가	66.0	56.0	55.4	51.0	50.4	78.6	79.6	77.1	71.1	68.6
EPS/주가	75.5	54.1	53.5	41.6	52.3	82.1	76.1	70.0	67.5	50.7
DPS/주가	64.5	63.5	49.7	45.3	46.6	77.1	76.1	73.6	63.9	61.4
유동비율	64.2	69.2	62.9	58.5	40.9	67.9	72.5	73.6	71.1	82.9
규모	73.6	59.8	59.3	60.4	40.9	78.6	76.1	66.4	67.5	65.0
이익 성장	67.9	65.4	49.7	45.3	42.8	82.1	79.6	73.6	60.4	61.4
이익 안정성	66.0	69.2	62.9	47.2	48.5	75.0	79.6	80.7	63.9	65.0
이익 안정성2	58.5	63.5	59.2	52.9	56.0	78.6	83.2	73.6	71.1	43.6
그레이엄 방법	71.7	61.7	61.0	52.9	46.6	78.6	72.5	73.6	74.6	75.7
그레이엄 방법2	67.9	59.8	64.8	51.0	40.9	82.1	79.6	70.0	71.1	75.7

• 출처: 스티븐 그라이너, 《벤저민 그레이엄의 정량분석》 273쪽 〈표 6.4〉

5분위수가 최하위 5분위수에 비해 수익률이 우수하다는 점을 알 수 있다.

또 그레이엄의 요소가 상승시장보다는 하락시장에서 우수하다는 결과를 확인했다. 이는 그레이엄이 포트폴리오를 보수적 또는 방어적으로 구성했다는 의미다.

NCAV 전략

NCAV는 순유동자산으로 유동자산에서 총부채를 뺀 금액이다. 그레이엄은 NCAV를 기업의 청산가치로 보았다. 이는 비유동자산의 가치를 0으로 평가해 매우 보수적으로 측정하는 지표다. 그레이엄이 1934년 《증권분석》에서 제시한 NCAV 전략은 기업의 청산가치가 시가총액보다 50%나 높은 주식을 매수하자는 의미다. 사실 이런 기업이 실제로 존재한다는 것은 말이 되지 않는다. 그럼에도 불구하고 존재하는 것이 현실이다. 그레이엄의 NCAV 전략에 해당되는 기업은 극도로 저평가되었을 가능성이 높다. 그레이엄은 "잘 분산된 NCAV 주식 포트폴리오의 30년 운용 성과는 연복리 20% 정도였다"고 밝혔다.

웨슬리 그레이와 토비아스 칼라일은 《퀀트로 가치투자하라》에서 그레이엄의 NCAV 전략을 검증했다. 이 전략에 따르면 1976년 1월 1일 원금 100달러가 2011년 12월 31일에 36,354달러로 불어난다. 연복리 17.8%로 그레이엄 자신이 예측한 15%를 넘어선다. 이 성과는 4,351달러로 불어나 연복리 11.05%를 기록한 S&P500을 능가한다.

제임스 몬티어 James Montier는 《100% 가치투자》에서 글로벌 NCAV 전략

⟨그림 5-2⟩ 그레이엄의 NCAV 전략의 운용 성과 (1976~2011)

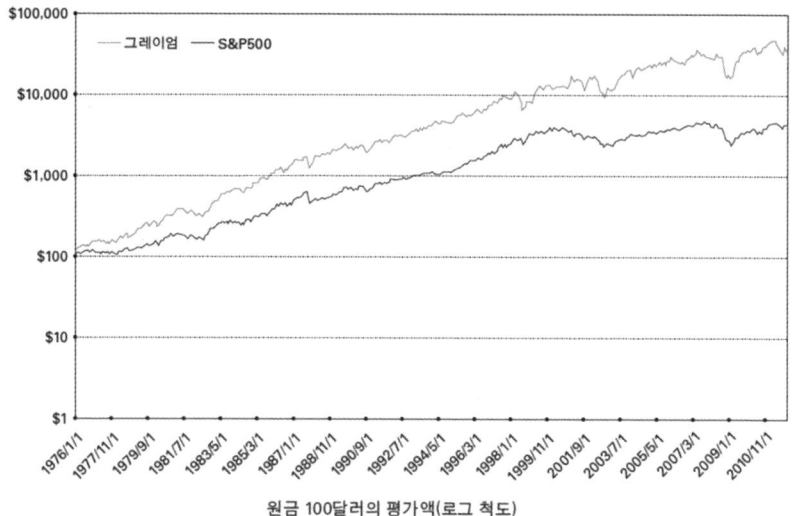

• 출처: 웨슬리 그레이, 토비아스 칼라일, 《퀀트로 가치투자하라》 39쪽 [그림 1.2]

의 유효성을 검토했는데, 1985~2007년 운용 성과가 연복리 35%였다. 미국이 가장 높았고, 일본과 유럽도 20%가 넘었다. 한국은 어땠을까? 강환국이 2002.07~2016.06 동안 분석한 결과 연복리 30.18%였다. '(유동자산 − 총부채) 〉 시가총액×1.5'의 조건을 만족하는 흑자기업을 기준으로 테스트한 결과였다.

그러나 이 전략에 적합한 종목이 거의 없는 해도 있었다. 2007년에는 단 한 종목만 해당되었고, 14년간 10개 종목도 찾지 못한 경우가 5번이나 있었다. 따라서 '(유동자산 − 총부채) 〉 시가총액'으로 조건을 완화했다. 이렇게 완화된 NCAV 전략은 연복리 25.60%의 운용 성과를 올렸다. 50%라는 안전마진을 두지 않았는데도 NCAV 전략은 상당히 수익률이 높았다. 중요한

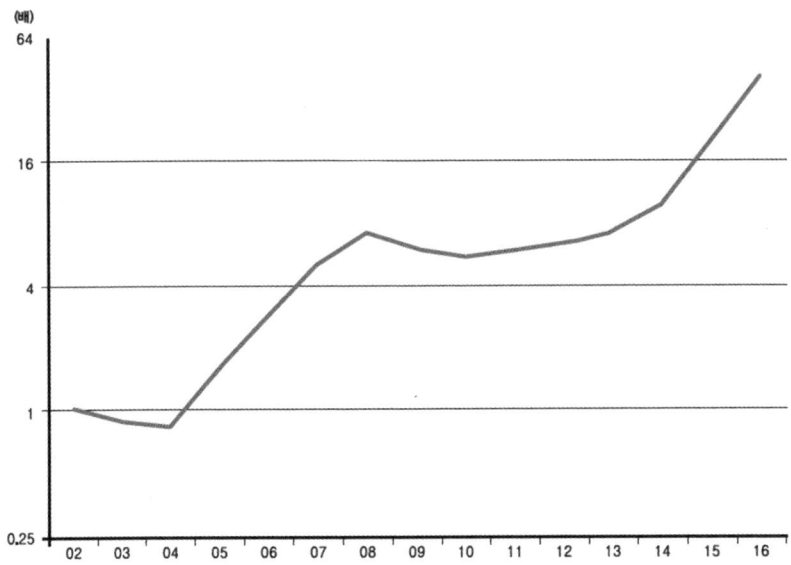

〈그림 5-3〉 한국 NCAV + 흑자기업 운용 성과 (2002.07~2016.06)

• 출처: 강환국, 《할 수 있다! 퀀트 투자》 194쪽

점은 2007년 제외하고 모든 해에 투자할 종목이 최소 15개는 나왔다는 것이다. 1934년 그레이엄이 공개한 NCAV 전략을 통해, 80년이 지난 지금도 여전히 돈을 벌 수 있는 것이다.

퀀트 투자자 강환국은 2019년에 발간한 무크지 《버핏클럽 2》에서도 그레이엄의 전략을 검증한 결과를 업데이트하여 소개했다. 《현명한 투자자》의 14장에 나오는 '방어적 투자자를 위한 주식 선정 기준'으로 저평가 우량주를 선별할 경우 운용 성과에 대해 미국에서 행해진 백테스트 결과를 인용했다. 그레이, 보겔, 수$^{Gray, Vogel, Xu}$가 분석한 결과 1963~2013년 동안 연

⟨그림 5-4⟩ 한국에 적용한 NCAV 전략의 운용 성과 (2001.07~2019.03)

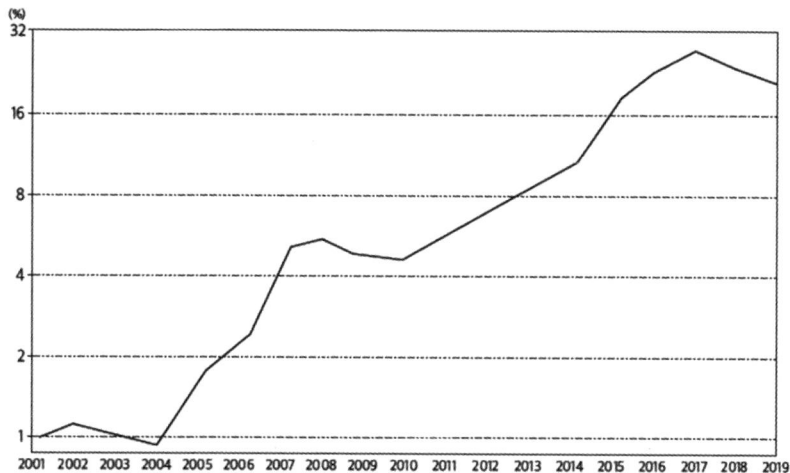

• 출처: 강환국, 《버핏클럽 issue 2》 "초보도 손쉽게, 그레이엄의 계량투자" 219쪽

복리 14.7%의 운용 성과를 올렸다. 구간별로 1963~1980년 동안 연복리 12.7%, 1981~1996년 동안 연복리 15.7%, 1997~2013년 동안 연복리 15.8%로 오히려 높아졌다.

그레이엄의 NCAV 전략에서 '(유동자산 - 총부채) 〉 시가총액'이라는 완화된 기준으로 2001.07~2019.03 동안 년 1회 리밸런싱한 결과 연복리 18.3%의 운용 성과를 올렸다. 배당수익을 포함하면 실질수익률은 20%를 약간 상회할 것으로 추정된다. 이는 KOSPI를 7.4% 초과하는 수익률이다. 물론 이 전략이 매년 20%를 버는 것은 아니다. 중간에 여러 번 손실이 발생했고, 특히 2017년 이후 최근까지 손실이 발생하고 있다. 하지만 장기적으로 보면 여전히 유효한 전략이라고 할 수 있다.

한편 웨슬리 그레이와 토비아스 칼라일은 《퀀트로 가치투자하라》에서 그레이엄의 NCAV 전략을 실천하려면 상당한 한계가 있다고 말했다. "다양한 연구를 통해 NCAV 전략의 수익률이 대략 연복리 30%임이 밝혀졌다. 상당히 놀랍지 않은가? 그러나 종목들이 너무 소형주이면서 매수 기회는 어쩌다 생기고 유동성이 매우 적다는 문제가 있다. 연복리 30%가 넘는 종목은 시가총액이 가장 작은 5분위에 속하는 유동성이 적은 종목에 집중되어 있었다." 이러한 문제는 그레이엄도 "거의 틀림없이 신뢰할 수 있고 만족스럽기는 하지만 실제로 적용하기에는 매우 제약이 많다"고 인정했다.

그레이엄의 마지막 선물

퀀트 투자 전문가 강환국은 《할 수 있다! 퀀트 투자》에서 그레이엄이 1976년에 제시한 간단한 퀀트 투자법을 자세하게 소개했다. 이 전략은 초급 투자자에게 적합하다. 파산할 가능성을 낮추기 위해 부채비율 50% 이하인 기업으로 한정한다. 또 저평가된 기업을 매수하기 위해 PER 10배 이하인 저렴한 종목을 선정하며, 조건을 충족하는 종목이 충분하다면 PER 5배 이하로 제한한다. 50% 이익을 실현하거나 2년이 경과하면 매도한다.

웨슬리 그레이^{Wesley Gray}와 토비아스 칼라일^{Tobias Carlisle}은 《퀀트로 가치투자하라》에서 이 전략이 1976년 이후에도 미국 시장에서 유효한지 백테스트를 해봤는데, 1976~2011년 동안 연복리 17.8%라는 놀라운 성과를 달성했다. S&P500보다 6%를 초과한 수익률이다. 그레이엄이 세상을 떠나기 직전에 제시했다는 이유로 퀀트 투자 전문가 강환국은 이 전략에 '그레이엄의 마지막 선물'이라고 이름을 붙였다.

한국에서 '그레이엄의 마지막 선물' 전략을 썼으면 어땠을까? 강환국은 전략을 약간 변경해 50% 상승 또는 2년 보유 시 매도 룰을 적용하지 않고, PER 10배 이하, 부채비율 50% 이하 주식을 매수해 연 1회 리밸런싱하는 전략으로 백테스트했다. 2002.07~2016.06 동안 백테스트를 해보니 연복리 14.0%의 운용 성과를 올렸다. 한국에서도 이 초간단 전략이 통했다!

한국은 역사적으로 미국보다 PER 수준이 낮았다. 따라서 PER 5배로 낮추고, 부채비율 50% 이하 기업에 투자하는 전략을 백테스트했더니 연복리 16.3%로 개선되었다. 배당을 포함하면 미국의 17.8%와 근접할 것으로 추정된다. 이 전략은 미국은 물론 한국에서도 높은 수익을 달성했다. 전략이 제시된 이후 40년이 지났지만 여전히 효용이 있다.

이 전략의 조건을 약간 수정해 보았다. ROA 5% 이상이고 부채비율 50% 이하인 기업 중에서 PBR이 낮은 20~30개 종목을 매수해서 연 1회 동일비중으로 리밸런싱을 하는 것이다. 다만 PBR이 0.2배 이하인 종목은 제외했다. 결과는 연복리 17.96%로 개선되었다. 강환국은 이렇게 수정된 전략에 '그레이엄의 마지막 선물 업그레이드' 전략이라고 이름을 붙였다. 〈그림 5-5〉는 이 전략의 운용 성과를 보여주는 그래프다.

브루스 그린왈드 Bruce Greenwald와 주드 칸 Judd Kahn은 《가치투자》에서 그레이엄의 퀀트 투자에 대해 이렇게 언급했다. "그레이엄과 그의 집단이 지속적으로 관심을 가진 것 중 하나는 투자시 자제력을 갖고 사용할 수 있는 '계량적 투자 공식 Quantitative Trading Formula'을 만들어 내는 것이었다. 이 공식은 오늘날 계량적 가치투자자들이 사용하는 많은 공식의 원형이 되었다."

〈그림 5-5〉 한국 그레이엄의 마지막 선물 업그레이드 (2002.07~2016.06)

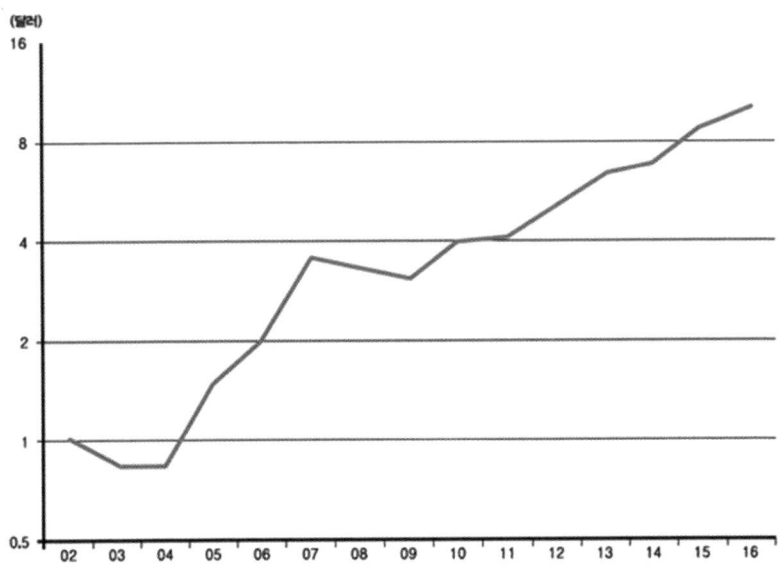

- 출처: 강환국, 《할 수 있다! 퀀트 투자》 190쪽

한편 버핏은 '그레이엄-도드 마을의 탁월한 투자자들'이라는 연설에서 계량적 기법에 대해 이렇게 비판했다. "주가와 거래량에 관한 수많은 연구가 행해지는 것은 지금이 컴퓨터의 시대이고 사실상 데이터를 무한정 사용할 수 있기 때문이지, 그런 연구가 꼭 유용해서가 아니다. 그저 데이터가 있고 데이터를 다루는 수학적 기법을 힘들게 습득한 학계 인사들이 있기 때문에 그런 것이다. 일단 이 기술을 습득하고 나면 이를 쓰지 않고 방치하는 게 왠지 죄를 짓는 것처럼 생각되어서 그렇다. 쓸모가 없거나 오히려 해가 되더라도 말이다. 누군가 말했듯 망치를 든 자에게는 모든 게 못으로 보이기 마련이다." 이를 두고 버핏이 퀀트 기법을 정면으로 비판했다고 해석하는 사람들도 있다.

하지만 버핏이 전하려는 진정한 메시지는 정성적 분석을 외면하고 오로지 정량적 분석으로만 투자하려는 경향에 대해 경고한 것이라고 생각한다.

웨슬리 그레이와 토비아스 칼라일은 《퀀트로 가치투자하라》에서 퀀트의 유용성에 대해 이렇게 말한다. "퀀트라고 말하면 컴퓨터가 쏟아내는 복잡한 방정식을 떠올리겠지만, 인간의 행동 오류에 대한 해독제로 이해하면 쉽다. 말하자면 우리는 확신에 찬 무능력자다. 인지 편향으로부터 우리를 지켜줄 수단이 필요한데, 바로 퀀트가 그 역할을 해낼 수 있다. 퀀트는 행동 오류에서 우리를 보호하는 동시에 남의 행동 오류를 활용할 수 있게 해준다."

나심 탈렙[Nassim Taleb]은 《행운에 속지 마라》에서 행동 오류를 수정할 생각은 아예 포기하고 우리의 감성을 에돌아가는 게 낫다고 권한다. "나는 어른이 된 이후 대부분을 행운에 속지 않으려는 이성과 행운에 완전히 속아버리는 감성 사이에서 갈등을 벌이느라 소진했다. 감성을 이성적으로 수정하려 하는 것보다는 차라리 감성을 에돌아가는 편이 성공할 수 있는 유일한 해결책이라고 깨달았다." 나심 탈렙이 말한 것처럼, 감성을 에돌아가려면 자신의 주관을 가급적 버리고 객관화된 투자 시스템을 구축하는 편이 효과적이다. 퀀트는 그런 방법의 하나다.

6장

포트폴리오

6장

포트폴리오

적절하게 분산 투자해야 한다. 포트폴리오 종목 수는 최소 10개는 되어야 하고 최대 30개를 넘기는 것도 바람직하지 않다.(5장)

안전마진 개념과 분산 투자 원칙 간에는 논리적 연관성이 밀접하게 존재하며, 두 개념은 상호 보완적이다. 투자자에게 유리한 안전마진이 있어도 개별증권이 부진한 결과를 낼 가능성은 여전히 존재한다. 안전마진은 단순히 이익 발생 확률이 손실 발생 확률보다 크다는 것을 의미할 뿐, 손실이 절대 안 난다고 보장하지는 않기 때문이다. 그런데 이러한 투자의 개별 사례가 늘어날수록, 전체적으로 이익의 합이 손실의 합을 초과할 확률은 더욱 높아진다. 이는 보험업의 기본 원리와 동일하다. 분산 투자는 방어적 투자에서 확립된 원칙으로, 이를 보편적으로 받아들인다는 것은 투자자들이 안전마진 원칙을 수용하고 있음을 의미한다.(20장)

해리 마코위츠Harry Markowitz는 다양한 종목으로 포트폴리오를 구성하면 기업 고유위험인 비체계적 위험을 최소화시킬 수 있다는 포트폴리오 이론을 주장했다. 많은 연구에 따르면 30개 정도의 종목수면 비체계적 위험을 거의 제로 수준까지 줄일 수 있다고 한다. 문병로 교수는《메트릭 스튜디오》에서 이렇게 말했다. "여러 종목으로 나누어 사면 변동성이 더 작아진다. 변동성이 더 작으면 기하 수익(복리 수익)이 더 높아 수익이 더 커진다."

그레이엄도 포트폴리오에 편입할 종목수로 10~30개를 제시하고 있다. 별도로 생업에 종사해야 하는 일반 투자자의 입장을 고려하면 적절하다고 볼 수 있다. 따라서 그레이엄의 권고는 포트폴리오의 이론에 정확하게 부합한다고 할 수 있다.

> 개별 종목 선정보다 분산 투자에 더 집중해야 한다. 분산 투자라는 개념이 보편적으로 받아들여지는 이유는, 적어도 부분적으로는 뛰어난 선정 능력을 과신하지 않기 때문이다.
> 다만 이런 부분도 다른 분야와 마찬가지로 무시하지도 과신하지도 않는 그 사이 어딘가에서 균형을 잡아야 한다. (14장)

그레이엄은 집중투자보다는 분산투자를 권하고 있다. 물론 결정적인 경우에는 그레이엄도 운용자산의 20%에 해당하는 자금을 가이코^{GEICO} 한 종목에 집중투자한 적도 있다. 하지만 일반적인 상황에서는 특정 종목에 집착하는 모습을 보이지는 않았다. 그레이엄은 종목선정 기준에 부합하는 여러 종목에 분산투자하는 것을 선호한 것으로 보인다. 아마도 특정 종목에 많은 비중을 투자해서 곤경에 처하는 상황을 원하지 않은 것 같다. 특정 종목에 목숨을 거는 듯한 '야심찬 주장'을 바람직하지 않게 생각한 것이다. 그래서 '지나친 중시'와 '경시' 사이에서 중용을 추구하라고 한다.

아쉽게도 개별 예측이 신뢰할 수 있는지, 아니면 오류 가능성이 큰지 미리 구별하기는 거의 불가능해 보인다. 이것이 바로 펀드가 광범위한 분산 투자를 시행하는 근본적인 이유이다. 믿을 수 있는 예측이 있다면 확실히 높은 수익이 예상되는 한 종목에 집중하는 것이 낫다. 종목을 여러 개로 분산시키면 수익 역시 희석되어 평균 수준으로 수렴하기 때문이다. 예측만 믿고 투자할 수 없기 때문에 분산 투자하는 것이다. 분산 투자가 보편적으로 이루어진다는 것 자체가 월스트리트에서 늘 자랑하는 '종목선정 능력'에 대한 반박의 증거라 할 수 있다.(11장)

그레이엄은 《증권분석》에서도 분산투자를 강력하게 권하고 있다. "개별 기업의 불안정성은 철저한 분산투자를 통해서 극복할 수 있다. 분산투자를 통해서 위험을 낮추면 안정적인 평균수익률을 기대할 수 있다. 개별 기업과 일부 산업에 미치는 영향은 종목을 신중하게 선정하여 폭넓게 분산하면 대부분 피할 수 있다."

반면 "분산투자란 무지에 대한 변명일 뿐이다"라고 말할 정도로 버핏은 분산투자에 대해서 비판적인 시각을 가지고 있다. 가장 매력적인 종목이 있음에도 불구하고, 굳이 매력이 떨어지는 종목을 보유할 이유가 없다고 생각한다. 물론 매우 일리 있는 주장이다. 버핏처럼 특정 기업에 대해 깊이 있게 이해할 수 있는 투자 전문가라면 가장 야심찬 종목에 목숨을 걸면 된다.

그런데 대부분의 일반 투자자는 버핏처럼 고수가 아니다. 기업의 펀더멘털에 대해 제대로 알지 못한다면 그것은 도박이나 다름이 없다. 아무리 나름대로 기업에 대해 이해하려고 애쓰더라도, 투자 전문가에 비해서는 많이 부족할 수밖에 없다. 일반 투자자가 특정 종목에 목숨을 거는 것은 자살 행위나 다름이 없다.

> 고액자산가가 아닌 투자자는 분산 투자도 사실상 불가능하다. 분산 투자를 하기 위해서는 다른 사람들과 다양한 유형의 공동 투자를 고려해야 하지만, 이 또한 신규 주식 발행과 마찬가지로 특별한 위험을 수반하기 때문에 주식을 소유하는 것과 크게 다르지 않다. 다시 말하지만 이것은 나의 전문 분야가 아니다. 하지만 투자자에게 "이런 분야의 일은 뛰어들기 전에 당신에게 적합한지 충분한 조사를 하라"고 말하고 싶다.
> 미래의 불확실성을 고려하면 투자자는 최근 채권수익률이 예상외로 높다고 해서 채권에만 투자해서도 안 되고, 지속적인 인플레이션이 전망된다고 해서 주식에만 투자해서도 안 된다.(2장)

그레이엄도 일반 투자자가 소액인데도 불구하고 너무 분산하려고 집착하는 것에 대해 실용적이지 않다고 경계한다. 하지만 투자에는 본인이 통제할 수 없는 위험이 수반되기 때문에 분산투자라는 보험을 드는 것이 좋다. 자동차 사고를 예상하지 못해서가 아니라, 아무리 조심해도 자동차 사고가 발생할 수 있기 때문에 보험을 드는 것이다. 마찬가지로 아무리 노력해도 예상치 못한 손실이 발생할 수도 있기 때문에 집중투자를 삼가는 것이다. 지혜나 용기가 없어서가 아니라, '모 아니면 도'라는 위험에 빠지지 않아야 하기 때문이다. 한번밖에 없는 인생인데, 내 잘못으로 소중한 가족이 힘들어지면 큰 일이기 때문이다.

실제로 버핏도 수십 개의 자회사를 거느리고 있으며, 순수한 주식투자로도 수십 개의 종목을 보유하고 있다. 다만 분산투자라는 명분을 얻기 위해서 잘 알지도 못하는 종목을 무분별하게 보유하는 것은 바람직하지 않다. 그야말로 무지에 대한 변명일 뿐이다. 아마도 버핏이 비판적으로 지적하는 것도 바로 이런 의미라고 본다.

> 이러한 유형의 투자 활동이 위험을 분산하기 위해 다양한 종목으로 운영되고, 연간 20% 이상의 수익을 낼 수 있다면, 이는 단순히 가치가 있는 정도가 아닐 것이다. 그러나 이 책은 '특수 상황'에 관한 책이 아니기 때문에 더 세부적인 내용은 다루지 않겠다. 실제로 이런 투자는 하나의 사업이라고 봐야 한다.(15장)

실제로는 매우 위험한 특수 상황 투자에 분산투자함으로써 위험을 낮추려고 하는 것은 나름 일리는 있지만 이런 것은 투자가 아니라 사업이라는 것이다. 즉 분산투자가 모든 것을 방어해준다고 낙관해서는 곤란하며, 분산을 논하기 이전에 건전한 투자의 범주에 포함되는지를 우선적으로 따져보아야 한다는 것이다.

많은 연구에 따르면 액티브 펀드$^{Active\ Fund}$의 80% 이상이 시장수익률에 미달한다고 밝혀지고 있다. 투자 전문가인 펀드매니저의 실력이 형편없다는 의미가 아니라, 시장 거래량의 대다수를 차지하고 있는 기관 투자가들 자체가 시장이기 때문에 거래비용을 차감하면 자신이 자신을 이길 수 없기 때문이라는 것이다.

마이클 모부신은 《운과 실력의 성공 방정식》에서 '실력의 역설$^{Paradox\ of\ Skill}$'을 주장했다. "오직 소수만이 오랜 기간 체계적으로 시장을 이겨왔다. 이는 투자자의 실력 부족보다는 실력의 역설 때문이다. 시간이 지날수록 투자자의 수준이 높아지고 정보는 더 저렴하고 빠르게 확산된다. 실력의 편차는 줄어들고 행운이 더 중요해지는 것이다." 마찬가지로 피터 번스타인 Peter Bernstein 은 시장의 효율성이 계속 높아짐에 따라 펀드매니저가 내는 초과수익의 편차도 확실히 감소할 것으로 추정했다.

액티브 펀드가 그렇게 시장수익률을 초과하기 힘들다면, 그냥 마음 편하게 지수를 추종하는 인덱스 펀드에 가입하는 편이 유리할 것이다. 인덱스 펀드의 창시자인 존 보글 John Bogle 은 "투자 성공의 비밀은 '비밀이 없다'는 것이다"라고 주장하며, 간단하게 "모든 주식을 보유하라"고 조언한다. 그렇다면 주식시장의 종합주가지수를 그대로 추종하는 인덱스 펀드를 구성하면 된다. 그렇다면 주가지수가 어떻게 구성되는지 살펴보기로 하자.

역사상 가장 널리 사용된 주가지수는 다우존스산업평균 Dow Jones Industrial Average 이다. 미국의 월스트리트 편집장인 찰스 다우 Charles Dow 가 1884년 창안한 것으로 뉴욕증권시장에 상장된 주식 가운데 가장 신용 있고 안정된 30개 종목의 주가를 평균하여 산출한 주가지수로서 간단하게 다우지수 DJIA 라고 부른다.

버핏의 버크셔 해서웨이는 절대로 다우지수에 포함될 수 없다. 왜냐하면 버크셔 해서웨이의 A주는 1주에 3억 원 이상을 호가하고 있기 때문에 주가평균에 미치는 영향력이 절대적이기 때문이다. 또 미국에서는 많은 기업이 주가가 상승하면 액면분할 등을 통해 주가 수준을 적당하게 유지하는 경향이 있는데, 이렇게 자본금이 변경되거나 액면이 변경되는 경우에는 다우지수의 연속성을 유지하기 위해 인위적인 조정을 하기도 한다.

다우지수처럼 주가를 평균하는 방식을 가격가중$^{Price\ Weighted}$ 방식이라고 한다. 일본의 니혼게이자이신문(일본경제신문)이 발표하는 니케이225$^{Nikkei\ 225\ Stock\ Average\ Index}$(日經平均株價)도 다우지수처럼 가격가중 방식을 사용하고 있다. 다만 종목수를 확 늘려서 225종목의 주가를 평균함으로써 시장의 움직임을 제대로 대표해보려고 노력했다. 하지만 기업의 자본금이나 주식수 등을 전혀 반영하지 못하기 때문에 진정으로 시장을 대표한다고 보기 힘들다.

단점에도 불구하고 이러한 지수가 존재하는 이유는 지수산출에 필요한 계산이 비교적 용이하기 때문이다. 대부분의 증권거래소가 전산화되어 실시간으로 지수가 산출되는 21세기에도 가격가중 방식의 주가지수가 필요한지에 대해서는 의문이 있지만, 오랜 관행에 따라 유지되고 있다고 생각한다. 결론적으로 벤치마크로 삼아야 하는 주가지수는 다우지수와 같은 가격가중 방식의 주가지수가 아니다.

대한민국의 KOSPI는 증권거래소에 상장된 모든 종목으로 구성된 종합주가지수다. KOSPI는 시가총액의 크기만큼 비중을 반영하는 시가총액가중$^{Market\ Value\ Weighted}$ 방식으로 산출한다. 시가총액은 주가와 유통주식수를 곱한 값이다. 미국의 신용평가회사 S&P$^{Standard\ \&\ Poor's}$가 발표하는 S&P지수나 일본의 도쿄거래소가 발표하는 TOPIX$^{Tokyo\ Stock\ Price\ Index}$ 등도 모두 시가총액가중 방식의 주가지수다.

시가총액가중 방식의 주가지수는 시가총액이 큰 대형주의 움직임에 큰 영향을 받는다. 대부분의 인덱스 펀드는 시가총액가중 주가지수를 기준으로 한다. 액티브 펀드의 성과를 평가할 때는 대체로 시가총액가중 주가지수를 벤치마크로 사용한다. 한국에서는 실무적으로는 KOSPI200지수를 주로 사용한다. KOSPI200지수는 주가지수 선물 및 옵션의 기초증권으로 사용된다.

벤치마크

주식 포트폴리오를 잘 운용했는지를 평가할 때 기준이 되는 것을 벤치마크^{Bench Mark}라고 한다. 대체로 주식시장의 종합주가지수 등을 사용한다. 한국에서는 KOSPI나 KOSPI200을 사용한다. 다시 말해 주가지수 대비 초과수익률을 거두고 있는지를 따져서 펀드매니저의 실력을 평가한다. 이렇게 평가를 위해 비교기준이 되는 주가지수 등을 벤치마크라고 한다.

벤치마크와 다르게 운용하는 것은 펀드매니저들에게 상당한 용기가 필요한 부분이다. 대부분의 액티브 펀드들은 일단 벤치마크와 상당히 유사하게 펀드를 구성한 다음에 약간의 종목을 추가·제외하거나, 종목별 비중을 약간 확대·축소하는 방식으로 자신의 전망을 반영한다. 그러면 평가 기준이 되는 벤치마크에서 크게 동떨어지지 않으면서 조금만 잘하면 초과수익률을 얻을 수 있기 때문이다.

우리도 앞으로 다양한 포트폴리오를 시뮬레이션할 예정이므로 평가하는데 기준이 되는 벤치마크를 먼저 계산해 보겠다. 우선 주식시장에서는 KOSPI를, 채권시장에서는 국채 3년물을 벤치마크로 삼겠다. 주식에 투자하기 위해 예금을 해약했다면, 예금 금리가 주식투자의 기회비용이 될 것이다. 또 주식에 투자하기 위해 대출을 받았다면, 대출 금리가 주식투자의 조달비용이 될 것이다. 이렇게 어떤 관점으로 보느냐에 따라 벤치마크로 삼아야 할 금리가 달라진다. 실무적으로는 이런 금리를 모두 대표하는 국채 3년물, 즉 국채(3)의 수익률을 가장 많이 사용한다.

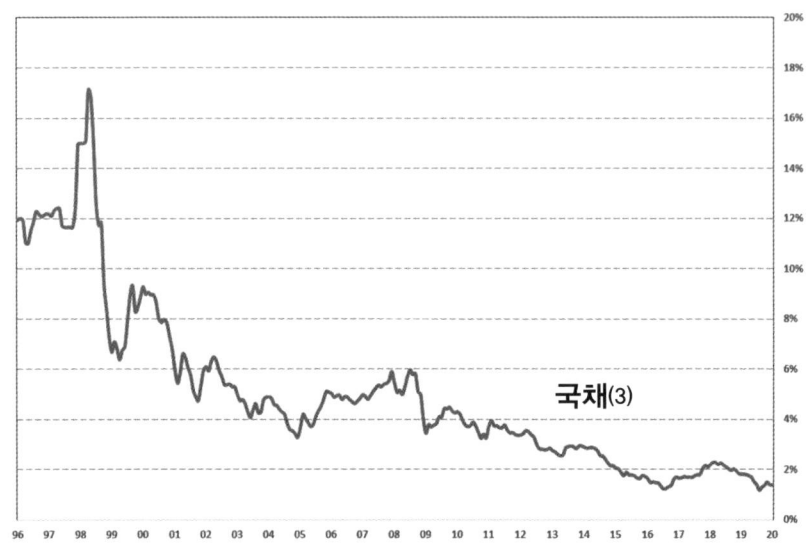

〈그림 6-1〉 국채(3) 채권수익률 (1996~2020)

시뮬레이션 기간은 1996년 1월말에 포트폴리오 운용을 개시하여 2020년 1월말까지 24년간 지속적으로 운용하는 것으로 가정한다. 물론 일반 투자자가 이렇게 장기간 지속적으로 운용하기는 현실적으로 쉬운 일이 아닐 것이다. 하지만 중간에 언제 개시하고 언제 종료하든 그 기간에 해당하는 숫자를 참고하면 되므로 24년이라는 기간에 얽매일 필요는 없다. 다시 말하면 24년의 기간 중에서 짧든 길든 특정한 기간을 가정하면 된다.

또 1996년 1월말에 포트폴리오를 개시하고 얼마 지나지 않아 IMF 외환위기가 1997년에 불어 닥치면서 투자 수익률이 급격히 악화되는 가장 불운한 상황을 가정하여 시뮬레이션의 결과를 보수적으로 평가하려고 의도하였다.

국채(3)의 채권수익률은 1996년 1월말에 12% 수준에서 안정된 모습을

〈표 6-1〉 벤치마크 운용 성과 (1996~2020)

구분	2020.01	총수익률	연복리
KOSPI	2119.01	141.12%	3.72%
국채(3)	3033.11	245.13%	5.28%

〈그림 6-2〉 벤치마크 운용 성과 (1996~2020)

보이다가, IMF 외환위기가 닥치면서 17% 이상으로 급등했었다. 하지만 줄곧 하향하여 최근에는 2%에도 미치지 못하고 있다. KOSPI보다는 적은 편이지만 상당한 변동성을 보여 왔음을 알 수 있다.

KOSPI에 전액 투자한 포트폴리오는 1996년 1월말에 878.82에서 출발해서 24년이 지난 2020년 1월말에 2119.01이 된다. 총수익률 141.12%, 연복리 3.72%의 운용 성과를 올렸다. 여기서 KOSPI 운용 성과에 배당은 포함시키지 않은 반면, 매매수수료와 증권거래세는 반영되었다. 다소 보수적인 평가라고 보면 된다.

앞으로 모든 시뮬레이션은 비교하기 쉽게 KOSPI로 환산하여 평가한다. 1996년 1월말의 KOSPI인 878.82가 투자원금에 해당한다. 국채(3)에 전액 투자한 포트폴리오는 2020년 1월말에 3033.11이 된다. 총수익률 245.13%, 연복리 5.28%의 운용 성과를 올렸다.

국채(3)의 운용 성과는 이렇게 추정한다. 36개월의 만기가 남은 당월 발행물에 투자하여 1달이 경과하면 35개월의 만기가 남은 셈이다. 그러면 1달이 경과하여 35개월의 만기가 남은 채권을 매도하고, 다시 36개월의 만기가 남은 당월 발행물로 교체하는 과정을 반복한다. 표면금리에 따른 이자 수입과 채권의 유통수익률 하락에 따른 자본차익이 모두 포함된 결과다.

제러미 시겔 Jeremy Siegel 은 《주식에 장기투자하라》에서 "장기투자를 하려면 채권투자보다 주식투자가 훨씬 유리하다"고 주장했지만, 한국에서는 주식투자에 비해 채권투자가 압승했다. KOSPI, 국채(3)의 운용 성과를 앞으로 시뮬레이션하는 모든 포트폴리오 운용 성과의 벤치마크로 삼는다.

시가총액가중 포트폴리오[1]

일반 투자자도 시가총액가중 포트폴리오를 구성할 수 있다. KOSPI200처럼 종목을 200개나 보유할 필요는 없지만, 나름대로 열심히 분석하여 선정한 몇 개의 종목들로 시가총액가중 포트폴리오를 구성하면 자신만의 인덱스 펀드를 만들어낼 수 있다.

종목별 비중은 시가총액가중 방식에 따르면 해결되므로, 어떤 종목을 선정할지에 대해서만 고민을 집중할 수 있다. 생업에 바쁜 일반 투자자의 입장에서 상당히 유용한 방법이라고 할 수 있다. 게다가 그렇게만 해도 웬만한 펀드매니저들보다 더 나은 결과를 가져올 수 있다니 놀라운 일이다.

이제 자신만의 인덱스를 만들어 보자. 우선 나름대로 괜찮다고 생각하는 종목 10개 정도를 선정한다. 물론 기업의 내재가치가 증가하는 가치우량주라면 더욱 좋겠지만, 대부분의 일반 투자자가 처한 상황을 고려하여 일단은 내재가치를 분석할 만한 내공을 갖추지 못했거나, 생업이 바빠서 철저하게 분석할 시간이 부족하다고 가정하겠다.

그렇게 하기에 가장 괜찮은 방법은 KOSPI200에 포함되는 대형우량주 중에 시가총액순으로 상위 10개 종목을 선정하는 방법이다. 단 업종별 분산 효과를 염두에 두고 유사한 업종에 속한 종목이 겹치지 않도록 주의했다.

포트폴리오에 편입할 종목으로 삼성전자(005930), SKT(017670), POSCO(005490), 한전(015760), 현대차(005380), 삼성화재(000810), 신세계(004170), 현대모비스(012330), S-Oil(010950), GS건설(006360) 등 대형우량주 10개 종목을 선정했다. 이들 종목에 대한 특별한 호감은 전혀 존재하지 않으며, 다만 시뮬레이션 기간 동안 일관성을 가지고 생존하고 있고, 주요 업종의 대표 기업이라는 점만 감안하였다.

물론 사업이 부진하여 역사의 뒤안길로 사라진 기업은 제외하고, 잘 나가고 있는 기업을 중심으로 한 생존 편향 Survivorship Bias 이 있다고 지적할 수 있다. 충분히 가능한 비판이라고 수용하지만, 시가총액 상위 10위 정도의 기업이

갑자기 망하는 경우는 드물다고 보고 논외로 하겠다.

지금 구성하는 포트폴리오는 단지 포트폴리오 운용 전략을 비교하기 위한 간단한 예제에 불과할 뿐이다. 선정된 종목을 추천하려는 의도는 전혀 없다는 점을 강조한다. 참고로 개인적으로도 10개 종목 중의 일부 종목만 보유하고 있을 뿐이다.

《전략적 가치투자》에서는 삼성물산을 선정하였는데, 2015년 제일모직과 합병을 하면서 사업부문의 일관성이 크게 변경되어 장기간의 시뮬레이션에 적합한 종목이 아니라고 판단하여 GS건설로 교체하였다. 사실 그냥 두었다면 삼성그룹의 상속 테마와 관련하여 급등하였기 때문에 포트폴리오 수익에 크게 기여했을 것이다. 즉 유리한 결과를 만들기 위해 일부러 교체한 것은 아니다.

포트폴리오의 운용 성과를 살펴보기 전에 우선 10개 종목의 운용 성과부터 살펴보겠다. 포트폴리오를 해당 종목에 전액 투자했다고 가정한 경우다. 여기서도 비교하기 용이하도록 주가가 아니라 포트폴리오 운용 성과를 KOSPI로 환산한다. 포트폴리오 운용 성과에 배당은 포함시키지 않는 반면, 매매수수료와 증권거래세는 반영되었다. 다소 보수적인 평가라고 보면 된다.

삼성전자는 1996년 1월말에 KOSPI와 동일하게 878.82에서 출발해서 24년이 지난 2020년 1월말에 20230.80이 된다. 총수익률 2202.04%, 연복리 13.91%의 운용 성과를 올렸다. SKT는 3065.19가 된다. 총수익률 248.78%, 연복리 5.32%의 운용 성과를 올렸다. POSCO는 3563.66이 된다. 총수익률 305.50%, 연복리 5.99%의 운용 성과를 올렸다. 한

〈표 6-2〉 시가총액가중 포트폴리오[1] 종목별 운용 성과 (1996~2020)

종목명	종목코드	2020.01	총수익률	연복리
삼성전자	(005930)	20230.80	2202.04%	13.91%
SKT	(017670)	3065.19	248.78%	5.32%
POSCO	(005490)	3563.66	305.50%	5.99%
한전	(015760)	757.76	-13.78%	-0.61%
현대차	(005380)	3184.13	262.32%	5.49%
삼성화재	(000810)	4107.00	367.33%	6.61%
신세계	(004170)	8091.20	820.69%	9.66%
현대모비스	(012330)	13269.03	1409.87%	11.93%
S-Oil	(010950)	6730.26	665.83%	8.82%
GS건설	(006360)	2536.28	188.60%	4.50%

전은 757.76이 되어 1996년 1월말의 878.82에도 미달했다. 총수익률 -13.78%, 연복리 -0.61%의 운용 성과를 올렸다. 현대차는 3184.13이 된다. 총수익률 262.32%, 연복리 5.49%의 운용 성과를 올렸다.

삼성화재는 2020년 1월말에 4107.00이 된다. 총수익률 367.33%, 연복리 6.61%의 운용 성과를 올렸다. 신세계는 8091.20이 된다. 총수익률 820.69%, 연복리 9.66%의 운용 성과를 올렸다. 현대모비스는 13269.03이 된다. 총수익률 1409.87%, 연복리 11.93%의 운용 성과를 올렸다. S-Oil은 6730.26이 된다. 총수익률 665.83%, 연복리 8.82%의 운용 성과를 올렸다. GS건설은 2536.28이 된다. 총수익률 188.60%, 연복리 4.50%의 운용 성과를 올렸다. 전반적으로 KOSPI에 비해 양호했으며, 단지 한전만 저조한 운용 성과를 올렸다. KOSPI 내에서 시가총액순으로 상위에 위치한 대형우량주가 대체로 KOSPI 자체보다는 괜찮았다는 의미다.

대형우량주 10개 종목으로 구성한 시가총액가중 포트폴리오[1]의 운용 성과를 살펴보자. 여기서 유무상 증자나 자사주 매수 등 유통주식수가 변경되는 사항을 공시 시점에서 반영하여 시뮬레이션 하였음을 밝힌다.

대형우량주 10개 종목의 시가총액가중 포트폴리오[1]은 1996년 12월말에 878.82에서 출발해서 24년이 지난 2020년 1월말에 8702.34가 된다. 총수익률 890.23%, 연복리 9.99%의 운용 성과를 올렸다.

여기에는 1996년 1월말에는 20.47%에 불과했던 삼성전자의 비중이 2020년 1월말에는 무려 73.83%에 달할 정도로 막대한 비중을 차지하면서 운용 성과에 크게 기여했기 때문이라고 할 수 있다. 반면 1996년 1월말에 무려 45.24%에 달한 한전의 비중이 2020년 1월말에는 3.57%에 불과했다는 사실도 영향을 미쳤다.

그저 시가총액이 큰 종목으로 대충 선정하여 포트폴리오를 구성했는데도 KOSPI, 국채(3)에 비해 양호한 운용 성과를 올렸다. 〈그림 6-3〉에서 벤치마크는 가는 실선으로 표현하였다. 결과적으로 KOSPI보다 6583.33만큼 초과수익이 발생했다. 총수익률 749.11%, 연복리 6.27%만큼 초과수익률을 올렸다. 또 국채(3)보다 5669.22만큼 초과수익이 발생했다. 총 수익률 645.09%, 연복리 4.71% 만큼 초과수익률을 올렸다.

이는 KOSPI에 비해서 그만큼 우량한 종목을 선정했기 때문이다. 즉 종목선정 효과가 있었다. 벤치마크를 초과하는 펀드매니저가 드물다는 사실을 상기시켜 보면, 노력한 정도에 비해서 매우 가성비가 높은 결과다. 물론 대형우량주 10개 종목이 KOSPI에 비해서 비교적 운용 성과가 높았다는 것은 행

〈표 6-3〉 시가총액가중 포트폴리오[1] 운용 성과 (1996~2020)

구분	2020.01	총수익률	연복리
KOSPI	2119.01	141.12%	3.72%
국채(3)	3033.11	245.13%	5.28%
시총가중[1]	8702.34	890.23%	9.99%
- KOSPI	6583.33	749.11%	6.27%
- 국채(3)	5669.22	645.09%	4.71%

〈그림 6-3〉 시가총액가중 포트폴리오[1] 운용 성과 (1996~2020)

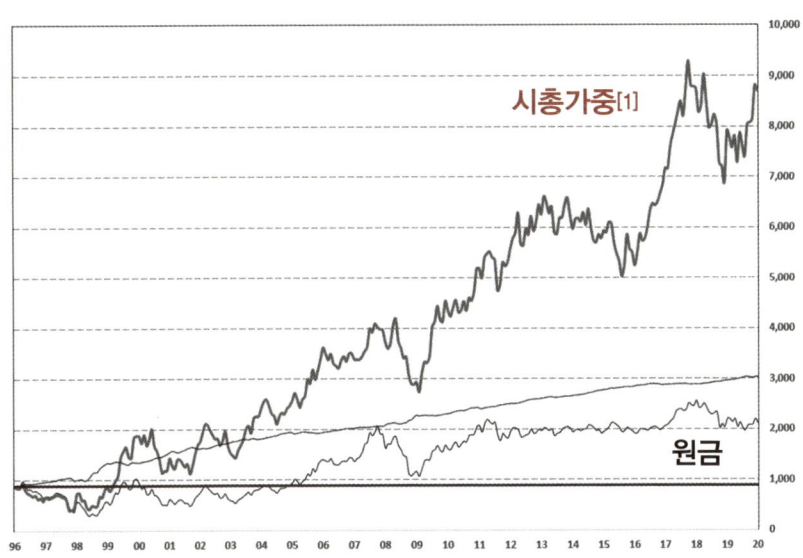

운이다. 하지만 간단한 방법만으로도 벤치마크를 가볍게 이길 수 있었다는 점에서 의미를 찾을 수 있다.

시가총액가중 포트폴리오는 시가총액이 큰 종목의 비중을 더 크게 가져가는 방식이다. 주식투자는 원칙적으로 내재가치가 우량하여 주가상승이 기대되는 종목의 비중을 크게 가져가는 것이 바람직하다. 그런 의미에서 기업의 펀더멘털에 관계없이 단지 시가총액이 크다는 이유로 보유비중을 더 많이 가져간다는 것은 도저히 이해가 가지 않는다.

다시 말해 시가총액가중 포트폴리오는 상승 종목의 비중을 늘리고 하락 종목의 비중을 줄이는 효과가 발생하기 때문에 결과적으로 추세추종 전략의 일종이라고 볼 수 있다. 다시 말해서 인기주를 추종하고 못난이를 소외시키는 경향이 있다. 한마디로 투기세력의 전형적인 모습과 크게 다르지 않다.

동일비중 포트폴리오[1]

연구 결과에 따르면 뉴욕증권거래소 상장 주식 중 무작위로 선정된 주식에 동일비중으로 투자한 포트폴리오가 같은 위험 등급별 펀드의 평균보다 더 나은 성과를 기록한 것으로 보인다.(15장)

내재가치를 제대로 평가하지 못한다면 차라리 모든 종목에 동일한 비중으로 투자하는 것도 하나의 대안이다. 이렇게 구성하는 포트폴리오를 동일비중$^{Equal\ Weighted}$ 포트폴리오라고 한다.

대형우량주 10개 종목으로 동일비중 포트폴리오[1]을 구성하여 1996년 1월말에 모든 종목에 동일하게 10%씩 투자한다. 1달이 경과하면 그 중에서 일부 종목은 상승하고 일부 종목은 하락할 것이다. 그러면 다시 전체 평가금액의 10%가 되도록 보유비중이 늘어난 종목은 일부 매도하여 비중을

⟨표 6-4⟩ 동일비중 포트폴리오[1] 운용 성과 (1996~2020)

구분	2020.01	총수익률	연복리
KOSPI	2119.01	141.12%	3.72%
국채(3)	3033.11	245.13%	5.28%
시총가중[1]	8702.34	890.23%	9.99%
동일비중[1]	13354.82	1419.63%	11.96%
- KOSPI	11235.81	1278.51%	8.24%
- 국채(3)	10321.70	1174.50%	6.68%
- 시총가중[1]	4652.48	529.40%	1.97%

⟨그림 6-4⟩ 동일비중 포트폴리오[1] 운용 성과 (1996~2020)

축소하고, 보유비중이 줄어든 종목은 추가 매수하여 비중을 확대하는 소위

6장 | 포트폴리오   173

리밸런싱^{Rebalancing}을 하여 포트폴리오의 균형을 다시 맞춘다. 이와 같은 리밸런싱을 매달 말에 진행하면 다음과 같다.

대형우량주 10개 종목으로 구성된 동일비중 포트폴리오[1]은 1996년 1월말에 878.82에서 출발해서 24년이 지난 2020년 1월말에 13354.82가 된다. 총수익률 1419.63%, 연복리 11.96%의 운용 성과를 올렸다. 시가총액가중 포트폴리오[1]에서 가장 큰 기여를 한 삼성전자든, 가장 악영향을 미친 한전이든 차별을 두지 않고 모두 10%씩 투자한 결과다. KOSPI보다 11235.81만큼 초과수익이 발생했다. 총수익률 1278.51%, 연복리 8.24%의 초과수익률을 올렸다. 또 국채(3)보다 10321.70만큼 초과수익이 발생했다. 총수익률 1174.50%, 연복리 6.68%의 초과수익률을 올렸다. 시가총액가중 포트폴리오[1]보다 4652.48만큼 초과수익이 발생했다. 총수익률 529.40%, 연복리 1.97%의 초과수익률을 올렸다.

이렇게 운용 성과가 우수한 이유는 주가가 상승하여 일부 매도한 종목은 비교적 고가에 매도한 셈이고, 주가가 하락하여 추가 매수한 종목은 비교적 저가에 매수한 셈이기 때문이다. 즉 주기적으로 리밸런싱을 진행할수록 종목별로 저가 매수와 고가 매도가 반복되면서 매매 이익이 꾸준히 쌓인 결과다.

증권사 리서치센터 등에서 발표하는 모델 포트폴리오$^{MP, Model\ Portfolio}$나 퀀트 전략을 백테스트할 때 동일비중 포트폴리오를 사용하는 경우가 많다. 그러나 좋은 결과가 나온 것은 종목선정이 잘 되었다기보다는 동일비중 포트폴리오의 운용 성과에 기인하였을 가능성이 높다. 해당 포트폴리오를 시가총액가중 포트폴리오로 구성해야만 공정한 검증이 될 수 있다. 국내에서 운용 성과가 높다고 입소문이 난 몇몇 펀드는 결과적으로 시가총액가중 포트폴리오와 동일비중 포트폴리오를 결합한 형태를 보이기도 하는데, 동일비중 포트폴리오의 운용 성과에 기인하였을 가능성이 높다.

이렇게 동일비중 포트폴리오의 운용 성과가 높다는 것은 시가총액이 큰 종목에 더 많이 투자하는 방식이 바람직하지 못하다는 사실을 의미한다. 이렇게 시가총액만 기준으로 삼지 않더라도 상당한 초과수익을 누릴 수 있다. 그럼에도 불구하고 대부분의 펀드가 시가총액가중 포트폴리오를 포기하지 못하는 이유는 무엇일까? 벤치마크가 되는 KOSPI를 포기하지 못하기 때문이다.

그런데 KOSPI는 시가총액가중 방식이다. 일종의 순환참조$^{Circular\ Reference}$ 오류가 발생한 셈이다. 남들과 다르게 행동하다가 실패하면 해고당할 수 있지만, 남들과 함께 행동하면 혹시 실패하더라도 자리를 보전할 수 있기 때문이다. 펀드매니저는 펀드 가입자의 투자 수익보다 자신의 안위를 먼저 생각한다는 것이다.

이처럼 동일비중 포트폴리오는 KOSPI나 시가총액가중 포트폴리오보다 월등하게 높은 운용 성과를 보여준다. 게다가 모든 종목에 1/n만큼 투자하는 방식이기 때문에, 주식투자에 문외한이거나 생업에 바쁜 일반 투자자라도 손쉽게 운용할 수 있다. 주식시장 전체가 폭락하는 약세장에서는 우량주를 저가에 매수할 수 있는 절호의 기회가 될 것이다.

이미 모든 자금이 주식에 투자되어 있어, 더 이상 추가로 주식을 매수할 여력이 없다면 아무것도 할 수 없다는 무력감을 느끼게 될 것이다. 그런데 주기적으로 리밸런싱을 진행하다 보면 자연스럽게 저가 매수와 고가 매도를 반복하면서 나름대로 주가 변동에 적극적으로 대응했다는 만족감을 주기도 한다. 그레이엄은 시장이 움직일 때 손을 놓고 있지 않고, '뭔가 해야 할 일 Something to do'을 하게 된다는 점이 리밸런싱의 장점이라고 말했다.

데이비드 스웬슨David Swensen은《포트폴리오 성공 운용》에서 리밸런싱에 대해 이렇게 강조한다. "리밸런싱 이익이 투자자들에게 좋은 보너스를 제공하더라도 리밸런싱에 대한 근본적인 동기는 장기적인 정책 목표를 지켜 나가려는 것과 관련있다. 신중하게 고려된 정책 포트폴리오의 맥락에서 리밸런싱은 위험 수준을 바람직하게 유지시켜준다. 위험을 통제하면서 수익을 창출하는 것이 바로 최상의 조합이 아닌가? 리밸런싱의 근본적인 목적은 위험을 통제하는 것이지 수익률을 향상시키는 데 있지 않다. 리밸런싱은 자산군 간의 상이한 성과로 목표에서 벗어난 비중을 되돌림으로써 포트폴리오가 장기 정책 목표에서 유지되도록 한다. 특히 약세 시장에서 수행할 때 리밸런싱은 지속해서 상대적인 가격 약세를 보이는 자산으로 펀드를 이동시키므로 실패하는 전략인 것처럼 보인다. 만약 정책 목표로 리밸런싱을 하지 않는다면 추세추종Trend-Following이라는 특이한 마켓타이밍Market Timing 전략을 추구하는 셈이다."

시장수익률을 초과하는 액티브 펀드가 많지 않다는 것이 현실인데, 동일비중 포트폴리오는 시장수익률을 월등하게 초과할 수 있다면 여기서 포트폴리오 운용 방식에 대한 고민을 끝내도 큰 문제는 없다고 생각한다. 아마도 동일비중 포트폴리오의 운용 성과는 전체 액티브 펀드의 상위 1% 이내에 들 정도로 우수할 것으로 추정된다. 다시 말해 동일비중 포트폴리오 방식을 일반 투자자가 알아차리는 것은 자산운용 업계로서는 일종의 '천기누설'일지도 모른다.

포트폴리오 투자 전략의 전문가인 이완규는《동일비중 포트폴리오 전략으로 가치투자하라》에서 동일비중 포트폴리오 전략을 '위험을 최소화하면서 투자 수익은 극대화하는 쉽고 간편한 최적의 투자법'이라고 단언하면서, 황금 거위를 만드는 장기 프로젝트라고 명명했다.

게리 안토나치$^{Gary\ Antonacci}$는《듀얼 모멘텀 투자 전략》에서 이렇게 말했다. "해리 마코위츠$^{Harry\ Markowitz}$가 제시한 MVO$^{Mean-Variance\ Optimization}$(평균-분산 최적화 모형)는 극단적인 가중을 양산하고, 시간이 지나면 상당히 요동칠 뿐만 아니라, 표본 외 자료에서는 거의 쓸모가 없다. 동일비중 포트폴리오가 MVO보다 실용적인 이유에서 대체로 낫다."

가치가중 포트폴리오[1]

동일비중 포트폴리오가 아무리 손쉽고 수익성 높은 운용 방식이라고 하더라도, 기업의 펀더멘털에 상관없이 모든 종목에 동일한 금액을 투자한다는 것을 충분히 납득하기에는 설득력이 부족한 것이 사실이다. 그레이엄이 말한 것처럼 기업의 내재가치를 평가하고 충분한 안전마진을 확보하는 것이 투자의 정석이다. 그러기 위해서는 일단 기업의 내재가치를 평가할 수 있어야 한다.

투자자가 원한다면, 주가 수준이 가치를 기준으로 너무 낮거나 너무 높다고 판단된다면, 포트폴리오 내 주식과 채권의 비중을 조정하는 것을 권장한다.(8장)

이렇게 그레이엄은 내재가치에 비해 주가가 매력적일수록 채권의 비중을 줄이고 주식의 비중을 늘려야 한다고 주장했다. 이 논의를 개별 종목에 적용하면, 내재가치에 비해 주가가 매력적인 종목의 비중을 늘리면 바람직할 것이다. 구체적인 방법은 다음과 같다.

내재가치에 비해 얼마나 저평가되어 있는지를 판단하기 위해 종목별로 내재가치를 주가로 나누어 가치비율$^{Value\ Ratio}$을 계산한다. 종목별 가치비율을 모두 합산한다. 해당 종목의 가치비율을 가치비율 합계로 나누어 종목별 비중을 구한다. 이렇게 구한 종목별 비중대로 구성한 포트폴리오를 가치가중$^{Value\ Weighted}$ 포트폴리오라고 한다. 〈표 6-5〉는 대형우량주 10개 종목으로 구성된 가치가중 포트폴리오[1]의 운용 성과다.

대형우량주 10개 종목의 가치가중 포트폴리오[1]은 1996년 1월말에 878.82에서 출발해서 24년이 지난 2020년 1월말에 35257.89가 된다. 총수익률 3911.96%, 연복리 16.57%의 운용 성과를 올렸다. KOSPI보다 33138.88만큼 초과수익이 발생했다. 총수익률 3770.84%, 연복리 12.84%의 초과수익률을 올렸다. 국채[3]보다 32224.78만큼 초과수익이 발생했다. 총수익률 3666.82%, 연복리 11.29%의 초과수익률을 올렸다. 또 시가총액가중 포트폴리오[1]보다 26555.56만큼 초과수익이 발생했다. 총수익률 3021.73%, 연복리 6.58%의 초과수익률을 올렸다. 또 동일비중 포트폴리오[1]보다 21903.08만큼 초과수익이 발생했다. 총수익률 2492.33%, 연복리 4.61%의 초과수익률을 올렸다.

가치가중 포트폴리오가 압도적으로 높은 운용 성과를 올린 이유는 내재가치보다 저평가될수록 많이 투자했기 때문이다. 즉 그레이엄이 세운 가치투자 원칙을 포트폴리오 운용에 철저하게 적용한 결과다. 조엘 그린블라트는 《주식시장을 이기는 큰 비밀》에서 우량주를 중심으로 내재가치 대비

<표 6-5> 가치가중 포트폴리오[1] 운용 성과 (1996~2020)

구분	2020.01	총수익률	연복리
KOSPI	2119.01	141.12%	3.72%
국채(3)	3033.11	245.13%	5.28%
시총가중[1]	8702.34	890.23%	9.99%
동일비중[1]	13354.82	1419.63%	11.96%
가치가중[1]	35257.89	3911.96%	16.57%
- KOSPI	33138.88	3770.84%	12.84%
- 국채(3)	32224.78	3666.82%	11.29%
- 시총가중[1]	26555.56	3021.73%	6.58%
- 동일비중[1]	21903.08	2492.33%	4.61%

<그림 6-5> 가치가중 포트폴리오[1] 운용 성과 (1996~2020)

얼마나 염가인지를 바탕으로 가중치를 적용하는 방법인 가치가중지수^{Value Weighted Index}를 제안하고 있다. 결론적으로 그린블라트는 가치가중 포트폴리오야말로 주식시장을 이기는 큰 비밀이라고 고백한다.

스티븐 그라이너는 《벤저민 그레이엄의 정량분석》에서 그레이엄 방법의 퀀트 포트폴리오 최적화에 대해 이렇게 말했다. "최적화의 목표는 효용함수에서 최대값을 제공하는 적절한 주식 가중치에 대한 해를 구하는 것이다. 그 해는 본질적으로 위험 회피 매개변수에 취한 주어진 위험에 대해 최대한의 기대수익률을 갖고 포트폴리오에 있는 주식의 가중치를 부여한다."

마이클 모부신은 《운과 실력의 성공 방정식》에서 포트폴리오를 구성하는 기본 원칙에 대해 이렇게 말했다. "매력도가 높은 종목의 비중을 높이고 매력도가 낮은 종목의 비중을 낮춰야 한다. 펀드매니저가 적용하기는 어렵겠지만, 수학 공식을 이용해서 비중을 결정하는 방법도 있다. 아무튼 기본 아이디어는 가장 유망한 종목에 가장 많은 자금을 투입하는 것이다. 그러나 종목 비중이 종목의 매력도와 일치하는 포트폴리오는 많지 않다. 우리는 분석을 통해서 주식의 가치를 정확하게 평가하는 동시에 적정 투자 규모도 산정해야 한다."

그런데 주식 종목의 보유비중을 결정하는 방식은 카드 게임과 같은 도박에서 베팅 금액을 결정하는 것과 유사하다. 에드워드 소프^{Edward Thorp}는 《딜러를 이겨라》에서 켈리 기준^{Kelly Criterion}을 극찬했다. "켈리 공식의 용도는 투자에서 장기적으로 가장 우수한 자산증식 효과를 내는 투자 비율을 산출하는 데 있다. 자신이 잘 이해하고 있고 확신을 가지고 있는 소수의 종목에 집중해서 적은 횟수로 많이 투자하라는 것이다. 워런 버핏, 조엘 그린블라트도 켈리 공식을 적용한 투자를 해왔으며, 운용 자산의 80%는 늘 상위 5개 종목에 집중되어 있었다."

앨런 베넬로Allen Benello, 마이클 비머Michael Biema, 토비아스 칼라일Tobias Carlisle 은《집중투자》에서 이렇게 말했다. "켈리 공식Kelly Formula은 집중투자의 핵심 개념으로 보상확률에 근거하여 투자 종목의 비중을 계산함으로써 수익을 극대화하는 방식이다. 종목 비중은 확률을 바탕으로 결정해야 하며, 위험 대비 보상이 이례적으로 유리한 상황이라면 비중을 대폭 높여야 한다고 대가들과 켈리 공식은 주장한다." 가치가중 포트폴리오는 종목별 비중 결정에 켈리 기준을 적용한 셈이라고 볼 수 있다.

하지만 스티븐 그라이너는《벤저민 그레이엄의 정량분석》에서 이 생각에 이의를 제기한다. "즉 켈리 기준으로 포트폴리오의 종목별 비중을 결정한다면, 각 종목이 독립적이라고 가정하는 셈이다. 하지만 종목들 간에 상관관계가 있기 때문에 이런 가정은 사실이 아니다. 현명한 투자자라면 종목별 비중을 설정할 때 켈리 기준을 사용하지 않는 편이 바람직하다."

스티븐 그라이너는 종합적으로 이렇게 말했다. "동일비중 지수가 시가총액가중 지수를 능가하는 경향이 있는 것은 놀랄 일이 아니다. 동일비중 지수가 시가총액가중 지수에 비해 잘못된 가치평가로 인한 성과 지체가 훨씬 적다. 또한 가치가중 지수는 동일비중 지수보다 훨씬 더 강하게 잘못된 가치평가 수정 이득을 얻을 것이다."

크리스토퍼 마이어는《딜메이커처럼 투자하라》에서 이렇게 말했다. "예일

대학교의 교수 두 사람이 '공격적 주식'으로 명명한 포토폴리오로 통계를 만들었다. 당신의 포트폴리오가 주가지수를 복제하거나 약간의 수정을 가하는 정도라면 공격적 주식의 점수는 낮다. 또 S&P500에서 엑슨 모빌의 비중이 4%인데, 당신의 포트폴리오에서의 비중이 9%라면 공격적 주식의 점수는 높아진다. 흥미 있는 사실은 우수한 펀드매니저일수록 공격적 점수가 높았다는 점이다. 공격적 점수가 높을수록 초과수익률을 얻을 가능성이 높아진다는 뜻이다."

시가총액가중 포트폴리오[2]

앞에서는 시가총액이 큰 대형우량주 10개 종목으로 시가총액가중 포트폴리오[1], 동일비중 포트폴리오[1], 가치가중 포트폴리오[1]을 구성해서 시뮬레이션했다. 이번에는 가치투자자들이 좋아하는 대표적인 가치우량주 10개 종목으로 포트폴리오를 구성해서 시뮬레이션을 해보고자 한다.

가치우량주를 선정하려면 양적으로는 내재가치를 평가하고, 질적으로는 경영진의 평가 등 깊이 있는 분석을 거치는 것이 원칙이겠지만, 여기서는 크게 고민을 하지 않고 가치투자자들에게서 흔히 회자되는 종목을 중심으로 선정했음을 밝힌다.

여기서 거론되는 종목을 추천한다는 의미가 아니라 포트폴리오에 대형우량주를 편입하는 경우와 가치우량주를 편입하는 경우가 운용 성과에 있어 의미 있는 차이가 나는지 정도만 확인하려는 목적이다.

포트폴리오에 편입할 종목으로 삼성화재(000810), 신세계(004170), S-Oil(010950), GS건설(006360), KCC(002380), 유한양행(000100), 롯데지주(004990), 농심(004370), 오리온홀딩스(001800), 고려아연(010130) 등 가치우량

〈표 6-6〉 시가총액가중 포트폴리오[2] 종목별 운용 성과 (1996~2020)

종목명	종목코드	2020.01	총수익률	연복리
삼성화재	(000810)	4107.00	367.33%	6.61%
신세계	(004170)	8091.20	820.69%	9.66%
S-Oil	(010950)	6730.26	665.83%	8.82%
GS건설	(006360)	2536.28	188.60%	4.50%
KCC	(002380)	3134.20	256.64%	5.42%
유한양행	(000100)	11870.06	1250.68%	11.41%
롯데지주	(004990)	9338.45	962.61%	10.31%
농심	(004370)	8788.20	900.00%	10.03%
오리온홀딩스	(001800)	15853.42	1703.94%	12.76%
고려아연	(010130)	18552.87	2011.11%	13.50%

주 10개 종목을 선정했다.

이들 종목에 대한 특별한 호감은 전혀 존재하지 않으며 다만 자산가치, 수익가치, 성장가치 등 여러 관점에서 대체로 내재가치가 우량하다는 평판을 받고 있는 종목이라는 점만 감안하였다.

포트폴리오의 운용성과를 살펴보기 전에 우선 10개 종목의 운용 성과부터 살펴보겠다. 포트폴리오를 해당 종목에 전액 투자했다고 가정한 경우다. 여기서도 비교하기 용이하도록 주가가 아니라 포트폴리오 운용 성과를 KOSPI로 환산한다. 포트폴리오 운용 성과에 배당은 포함시키지 않은 반면, 매매수수료와 증권거래세는 반영되었다. 다소 보수적인 평가라고 보면 된다.

삼성화재는 1996년 1월말에 KOSPI와 동일하게 878.82에서 출발해서 24년이 지난 2020년 1월말에 4107.00이 된다. 총수익률 367.33%, 연복리 6.61%의 운용 성과를 올렸다. 신세계는 8091.20이 된다. 총수익률 820.69%, 연복리 9.66%의 운용 성과를 올렸다. S-Oil은 6730.26이 된다. 총수익률 665.83%, 연복리 8.82%의 운용 성과를 올렸다. GS건설은 2536.28이 된다. 총수익률 188.60%, 연복리 4.50%의 운용 성과를 올렸다. KCC는 3134.20이 된다. 총수익률 256.64%, 연복리 5.42%의 운용 성과를 올렸다.

유한양행은 2020년 1월말에 11870.06이 된다. 총수익률 1250.68%, 연복리 11.41%의 운용 성과를 올렸다. 롯데지주는 9338.45가 된다. 총수익률 962.61%, 연복리 10.31%의 운용 성과를 올렸다. 농심은 8788.20이 된다. 총수익률 900.00%, 연복리 10.03%의 운용 성과를 올렸다. 오리온홀딩스는 15853.42가 된다. 총수익률 1703.94%, 연복리 12.76%의 운용 성과를 올렸다. 고려아연은 18552.87이 된다. 총수익률 2011.11%, 연복리 13.50%의 운용 성과를 올렸다. 전반적으로 KOSPI나 대형우량주에 비해 양호했다. 내재가치가 우량한 가치우량주가 시가총액이 큰 대형우량주보다 대체로 괜찮았다는 의미다.

이제 선정한 가치우량주 10개 종목을 시가총액가중 방식으로 구성한 시가총액가중 포트폴리오[2]의 운용 성과를 살펴보자. 여기서 유무상 증자나 자사주 매수 등 유통주식수가 변경되는 사항을 공시 시점에서 반영하여 시뮬레이션을 하였음을 밝힌다.

가치우량주 10개 종목의 시가총액가중 포트폴리오[2]는 1996년 1월말에 878.82에서 출발해서 24년이 지난 2020년 1월말에 6572.05가 된다.

⟨표 6-7⟩ 시가총액가중 포트폴리오[2] 운용 성과 (1996~2020)

구분	2020.01	총수익률	연복리
KOSPI	2119.01	141.12%	3.72%
국채(3)	3033.11	245.13%	5.28%
시총가중[1]	8702.34	890.23%	9.99%
시총가중[2]	6572.05	647.83%	8.71%
- KOSPI	4453.04	506.71%	4.99%
- 국채(3)	3538.94	402.69%	3.43%
- 시총가중[1]	-2,130.29	-242.40%	-1.27%

⟨그림 6-6⟩ 시가총액가중 포트폴리오[2] 운용 성과 (1996~2020)

총수익률 647.83%, 연복리 8.71%의 운용 성과를 올렸다. 대형우량주 10개 종목으로 구성된 시가총액가중 포트폴리오[1]에 비해 상당히 높은 운용 성

과를 보였지만, 최근에 들어서 부진한 모습을 보이고 있다. 삼성전자를 보유하지 않았기 때문이다.

그저 내재가치가 우량한 종목으로 대충 선정하여 포트폴리오를 구성했는데도 KOSPI, 국채(3)에 비해 양호한 운용 성과를 올렸다. 〈그림 6-6〉에서 벤치마크는 가는 실선으로 표현하였다. 결과적으로 KOSPI보다 4453.04만큼 초과수익이 발생했다. 총수익률 506.71%, 연복리 4.99%만큼 초과수익률을 올렸다. 이는 KOSPI에 비해서 그만큼 우량한 종목을 선정했기 때문이다. 즉 종목선정 효과가 있었다.

벤치마크를 초과하는 펀드매니저가 드물다는 사실을 상기시켜 보면, 노력한 정도에 비해서 매우 가성비가 높은 결과다. 물론 가치우량주 10개 종목이 KOSPI에 비해서 비교적 운용 성과가 높았다는 것은 행운이다. 하지만 간단한 방법만으로도 벤치마크를 가볍게 이길 수 있었다는 점에서 의미를 찾을 수 있다.

동일비중 포트폴리오[2]

가치우량주 10개 종목으로 동일비중 포트폴리오[2]를 구성하여 1996년 1월말에 투자한 후 등락에 따라 매달 말에 리밸런싱하여 투자 종목의 비중을 일정하게 맞추면 다음과 같다.

가치우량주 10개 종목의 동일비중 포트폴리오[2]는 1996년 1월말에 878.82에서 출발해서 24년이 지난 2020년 1월말에 23301.66이 된다. 총수익률 2551.47%, 연복리 14.58%의 운용 성과를 올렸다. KOSPI보다 21182.65만큼 초과수익이 발생했다. 총수익률 2410.35%, 연복리 10.86%

⟨표 6-8⟩ 동일비중 포트폴리오[2] 운용 성과 (1996~2020)

구분	2020.01	총수익률	연복리
KOSPI	2119.01	141.12%	3.72%
국채(3)	3033.11	245.13%	5.28%
시총가중[2]	6572.05	647.83%	8.71%
동일비중[2]	23301.66	2551.47%	14.58%
- KOSPI	21182.65	2410.35%	10.86%
- 국채(3)	20268.54	2306.34%	9.30%
- 시총가중[2]	16729.60	1903.64%	5.87%

⟨그림 6-7⟩ 동일비중 포트폴리오[2] 운용 성과 (1996~2020)

의 초과수익률을 올렸다. 국채(3)보다 20268.54만큼 초과수익이 발생했다. 총수익률 2306.34%, 연복리 9.3%의 초과수익률을 올렸다. 또 시가총

액가중 포트폴리오[2]보다 16729.60만큼 초과수익이 발생했다. 총수익률 1903.64%, 연복리 5.87%의 초과수익률을 올렸다.

이렇게 운용 성과가 우수한 이유는 주가가 상승하여 일부 매도한 종목은 비교적 고가에 매도한 셈이고, 주가가 하락하여 추가 매수한 종목은 비교적 저가에 매수한 셈이기 때문이다. 즉 주기적으로 리밸런싱을 진행할수록 종목별로 저가 매수와 고가 매도가 반복되면서 매매 이익이 꾸준히 쌓인 결과다.

가치가중 포트폴리오[2]

가치우량주 10개 종목으로 내재가치 대비 저평가되어 있는 즉 향후 기대수익이 높은 종목을 큰 비중으로 포트폴리오를 꾸리는 가치가중 포트폴리오[2]의 운용 성과는 다음과 같다.

가치우량주 10개 종목의 가치가중 포트폴리오[2]는 1996년 1월말에 878.82에서 출발해서 24년이 지난 2020년 1월말에 75751.31이 된다. 총수익률 8519.66%, 연복리 20.33%의 운용 성과를 올렸다. KOSPI보다 73632.30만큼 초과수익이 발생했다. 총수익률 8378.54%, 연복리 16.61%의 초과수익률을 올렸다. 국채(3)보다 72718.20만큼 초과수익률이 발생했다. 총수익률 8274.53%, 연복리 15.05%의 초과수익률을 올렸다. 또 시가총액가중 포트폴리오[2]보다 69179.26만큼 초과수익이 발생했다. 총수익률 7871.84%, 연복리 11.61%의 초과수익률을 올렸다. 또 동일비중 포트폴리오[2]보다 52449.66만큼 초과수익이 발생했다. 총수익률 5968.19%, 연복리 5.75%의 초과수익률을 올렸다. 가치우량주를 대상으로 가치가중 포트폴리오를 운용할 때 더욱 높은 수익률을 올릴 수 있었다.

〈표 6-9〉 가치가중 포트폴리오[2] 운용 성과 (1996~2020)

구분	2020.01	총수익률	연복리
KOSPI	2119.01	141.12%	3.72%
국채(3)	3033.11	245.13%	5.28%
시총가중[2]	6572.05	647.83%	8.71%
동일비중[2]	23301.66	2551.47%	14.58%
가치가중[2]	75751.31	8519.66%	20.33%
- KOSPI	73632.30	8378.54%	16.61%
- 국채(3)	72718.20	8274.53%	15.05%
- 시총가중[2]	69179.26	7871.84%	11.61%
- 동일비중[2]	52449.66	5968.19%	5.75%

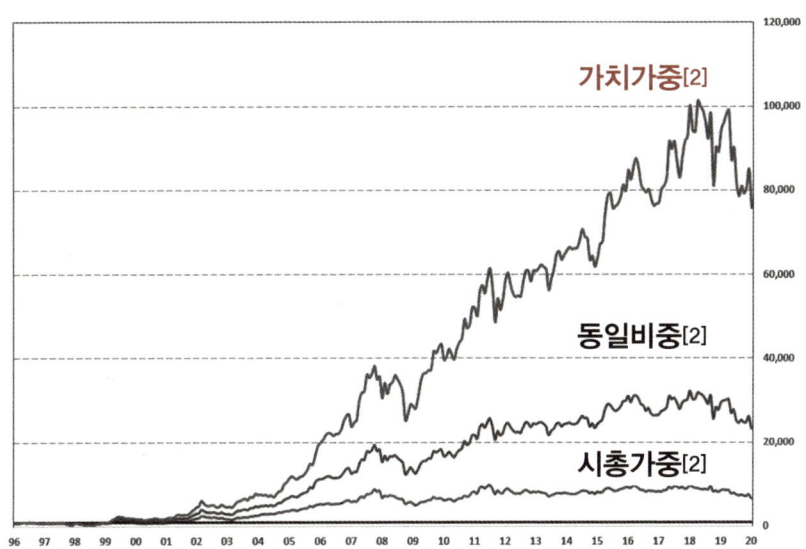

〈그림 6-8〉 가치가중 포트폴리오[2] 운용 성과 (1996~2020)

7장

자산 배분

# 7장

자산
배분

최근 들어 개인의 자산관리는 심각한 도전에 직면해 있다. 기업의 수익성 지표인 ROE가 하향하면서 경제성장률도 둔화되고 있다. 투자 자금의 수요가 위축되면서 금리는 마이너스 영역까지 하락하고 있다. 반면에 평균 수명의 증가로 은퇴 후에 써야 하는 노후 자금은 더 많이 필요하다. 돈을 벌기도 힘들지만 돈을 불리기는 더 힘든 세상이 되었다. 노후 설계가 마련되어 있지 않은 사람에게는 오래 산다는 게 축복이 아니다.

투자자는 대박이 예상되는 종목을 귀신 같이 찾아내서, 상승하기 직전에 매수했다가 하락하기 직전에 매도하는 매매 신공을 발휘하고 싶어 한다. 그래서 팔랑귀처럼 온갖 종목 정보를 찾아다니고 차트 분석과 세력 동향에 집착한다.

이에 대해 윌리엄 번스타인은 《현명한 자산배분 투자자》에서 "매매 타이밍 Market Timing을 잡는 것이나 대박 종목을 발굴하는 것 Stock Picking 은 장기적으로 거의 불가능하다. 누구도 지속적으로 성공하지 못한다"고 말한다. 결론적으로 윌리엄 번스타인은 이렇게 단언한다. "장기적 관점에서 성공적인 투자의 핵심은 다양한 자산군의 일관된 자산배분 전략에 있다."

〈그림 7-1〉 포트폴리오 성과의 결정 요인

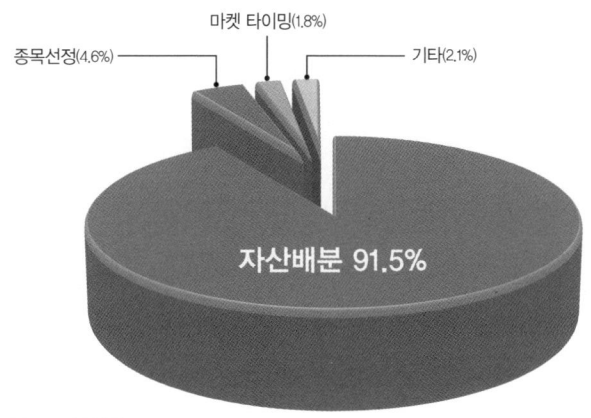

• 게리 브린슨, 1991년 연구

또 윌리엄 번스타인은 《투자의 네 기둥》에서 게리 브린슨Gary Brinson의 연구 결과를 이렇게 소개했다. "투자 수익에 대한 기여도를 조사한 결과 매매 타이밍과 종목 발굴은 10% 미만인 반면, 자산배분이 90% 이상을 차지했다. 즉 자산배분 전략이 10배나 중요했다."

데이비드 스웬슨은 《포트폴리오 성공 운용》에서 2000년 로저 이봇슨Roger Ibbotson과 폴 캐플런Paul Kaplan이 자산배분에 관한 수많은 논문들을 총괄적으로 조사한 결과를 이렇게 소개했다. "자산배분이 수익률을 거의 다 설명한다. 펀드 수익률 변동성의 약 90%는 자산배분으로 인한 수익률의 변동성으로 설명될 수 있다."

〈그림 7-2〉 포트폴리오 제조 깔때기

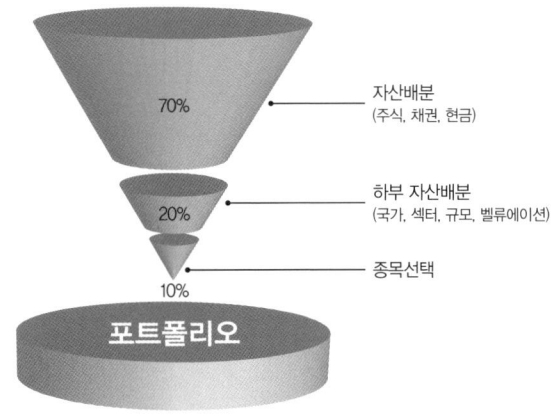

- 출처: 켄 피셔, 《3개의 질문으로 주식시장을 이기다》 555쪽 [그림 9.4]

켄 피셔는 《3개의 질문으로 주식시장을 이기다》에서 '포트폴리오 제조 깔대기'를 소개하며, "포트폴리오의 운용 수익에 대한 기여도는 주식이나 채권 등의 주요 자산배분이 70%, 국가, 섹터, 규모, 밸류에이션 등 하부 자산배분이 20%에 해당하며, 종목선정은 10%에 불과하다"고 말했다.

로버트 마일즈Robert Miles는 《워런 버핏의 스노우볼, 버크셔 해서웨이》에서 "수익 기여도로 볼 때 자산배분이 92%고 매매 타이밍과 종목선정은 각 4%에 불과한데, 투자자는 대부분 종목선정, 매매 타이밍, 자산배분 순으로 시간을 쓰고 있다"고 지적했다.

예전에는 좋은 종목을 발굴해서 대박을 노리는 투자자가 대부분이었다. 하지만 벤치마크에 비해 초과수익을 얻기 힘들다는 점이 널리 알려지고, 포트폴리오의 수익은 종목선정보다는 자산배분에 기인하는 바가 크다는 연구 결과가 나오면서 자산배분에 대한 관심이 높아졌다.

실제로 한국에서는 아직도 종목 상담이 증권사의 주된 업무에 속하지만, 미국 등 선진국에서는 투자 포트폴리오 설계를 주된 업무로 삼는다. 투자자의 상황이나 성향에 따라 적합한 자산과 비중을 추천한다. 최근에는 한국에서도 점차 WM$^{Wealth\ Management}$ 센터를 중심으로 종합적인 재무 설계와 금융주치의(金融主治醫) 업무가 활성화되고 있다.

조현철은《투자자가 된 인문학도》에서 이렇게 말했다. "값어치라는 것은 상대적인 것이다. 자산시장에 투자할 생각이 있다면 모든 값어치를 돈으로 측정하는 사고방식에서 벗어나 여러 자산들의 상대적인 가격을 비교해서 자산들을 상대적인 가치의 등락에 따라 매수·매도한다는 개념으로 접근해야 한다. 자산에는 크게 봐서 주식, 채권, 부동산, 현금이 있다."

자산배분 전략은 해리 마코위츠가 제시한 '현대 포트폴리오 이론'에서 비롯된다. 상관관계가 낮은 종목으로 포트폴리오를 구성하면 위험이 감소된다는 이론이다. 물론 주식 종목으로 구성된 포트폴리오를 구성하는 방법인데, 주식 종목을 대신하여 자산군에 적용하면 자산배분 전략이라고 할 수 있다. 상관관계가 낮은 다양한 자산으로 포트폴리오를 구성하면 두 가지 장점이 발생한다.

첫째는 포트폴리오 이론에 따라 위험이 감소된다. 자산간 공분산^{Covariance}

을 측정하여 MVO$^{\text{Mean-Variance Optimization}}$(평균-분산 최적화 모형)를 찾는 방식으로 가능하다. 둘째는 사전에 정해진 각 자산의 목표 비중을 맞추기 위해 시장가격 변동에 따라 늘어난 자산을 줄이고 줄어든 자산을 늘리는 리밸런싱을 진행하게 된다. 이를 통해 자연스럽게 저가 매수와 고가 매도가 반복되면서 운용이익이 쌓이게 된다. 종합하면 자산배분 전략을 추구하면 위험은 감소하고 투자 수익은 증가하게 된다.

사실 자산배분은 새삼스럽게 등장한 개념이 아니다. 2천여 년 전부터 전해지는 탈무드^{Talmud}의 지혜에 따르면, 유대인은 모든 자산을 3등분하여 부동산, 사업, 현금으로 배분하라고 권한다. 요즘 용어로 바꾸면 부동산, 주식, 채권에 대한 3분법의 자산배분을 추천한 것이다. 여기서는 부동산은 논외로 하고 주식과 채권 등 금융자산에 초점을 맞추어 살펴보겠다. 또 주식, 채권, 현금에 대한 3분법의 포트폴리오를 추천하는 경우도 있다. 현금을 중앙은행이 발행한 특수한 채권이라고 보면, 결국 주식과 채권에 대한 2분법의 자산배분 문제가 된다.

윌리엄 번스타인은 《투자의 네 기둥》에서 주식과 채권의 자산배분에 대해 이렇게 말했다. "본질적으로 이 세상에는 두 가지 금융자산밖에 없다. 하나는 수익률이 높으면서 리스크도 높은 금융자산이며, 또 하나는 수익률이 낮으면서 리스크도 낮은 금융자산이다. 당신의 포트폴리오가 어떻게 움직이느냐는 이들 두 가지 금융자산을 어떻게 조합하는가에 달려있다. 가장 중요한 자산배분 결정은 위험 자산(주식)과 무위험 자산(단기 채권 및 CD, MMF) 간의 투자 비중을 정하는 것이다."

호황기에는 실적 호조에 힘입어 주가는 강세를 보이지만 늘어나는 자금 수요로 채권수익률이 높아지면서 채권 가격은 약세를 보인다. 반대로 불황기에는 실적 부진에 따라 주가는 약세를 보이지만 투자가 위축되어 채권수익률은 낮아지면서 채권 가격은 강세를 보인다.

이렇게 주식과 채권은 상관관계가 낮은 편이라서 자산배분의 관점에서는 매우 훌륭한 조합이 된다. 다만 기업이 자금난에 처하면 주가도 폭락하면서 회사채의 수익률이 급등하면서 채권 가격도 폭락하기도 한다. 그러므로 상관관계 측면에서 보면 회사채보다는 국채가 주식과 짝을 짓기에 더욱 바람직한 조합이라고 할 수 있다.

그레이엄은 《현명한 투자자》에서 주식과 채권으로 구성된 다양한 자산배분 전략을 제시했다. 채권과 주식에 50%씩 균등 배분하는 정률투자법, 상황에 따라 25~75%로 변화를 주는 변율투자법, 일정금액만큼 꾸준하게 주식을 분할 매수하는 정액매수 적립식 등을 제시했다.

윌리엄 번스타인은 《투자의 네 기둥》에서 그레이엄의 제안에 대해 이렇게 평가했다. "그레이엄은 아무리 보수적인 투자자도 포트폴리오의 최소한 25%는 주식에 투자해야 하며, 아무리 공격적인 투자자도 포트폴리오의 주식 비중을 75% 이하로 해야 한다고 강조했다. 이 말을 유추해서 해석하면 평균적인 투자자는 주식과 채권의 투자 비중을 50%씩 가져가라는 것이다. 사실 요즘 생각으로는 아무것도 아닌 것 같지만, 그레이엄이 이런 조언을 내놓은 대공황 시기에는 조금이라도 주식에 투자해야 한다는 말 자체가 아주 이례적이었다."

그레이엄이 생각하는 현명한 투자자란 현명한 '가치' 투자자보다는 현명한 '자산배분' 투자자가 아닐까 할 정도로 자산배분을 강조하고 있다. 지금부터 그레이엄이 제시한 자산배분 전략을 구체적으로 알아보자.

매입보유법

일단 가장 초보 투자자라고 가정하여 포트폴리오 구성 전략에 대한 논의를 시작해 보자. 이 초보 투자자는 주식이나 채권에 전혀 문외한이다. 자신이 포트폴리오를 스스로 구성할 만한 능력이 되지 않는다.

그래서 주식투자 전문가와 채권투자 전문가에게 투자를 일임한다. 자신의 투자금 절반은 주식투자 전문가에게 맡기고, 나머지 절반은 채권투자 전문가에게 맡긴다. 이후 일체 참견하지 않는다. 물론 추가로 입금하거나 환매를 요청하지도 않는다. 이렇게 한번 투자한 이후 그대로 보유하는 투자법을 매입보유법 Buy and Holding 이라고 한다. 여기서 주식은 KOSPI, 채권은 국채(3)으로 진행한다.

⟨표 7-1⟩ 매입보유법 운용 성과 (1996~2020)

구분	2020.01	총수익률	연복리
KOSPI	2119.01	141.12%	3.72%
국채(3)	3033.11	245.13%	5.28%
매입보유법	2575.91	193.11%	4.57%
- KOSPI	456.90	51.99%	0.84%
- 국채(3)	-457.20	-52.02%	-0.71%

〈그림 7-3〉 매입보유법 운용 성과 (1996~2020)

주식투자 전문가는 위탁받은 자금을 전액 KOSPI에 투자한다. 이후 일체 매매를 하지 않는다. KOSPI에 전액 투자한 포트폴리오는 1996년 1월말에 878.82에서 출발해서 24년이 지난 2020년 1월말에 2119.01이 된다. 총수익률 141.12%, 연복리 3.72%의 운용 성과를 올렸다.

채권투자 전문가는 위탁받은 자금을 전액 국채(3)에 투자한다. 이후 1달이 경과할 때마다 경과물을 매도하고 신규발행물로 교체한다. 국채(3)에 전액 투자한 포트폴리오는 1996년 1월말에 878.82에서 출발해서 24년이 지난 2020년 1월말에 3033.11이 된다. 총수익률 245.13%, 연복리 5.28%의 투자 성과를 올렸다.

주식에 50%, 채권에 50%를 투자하고 그대로 보유한 매입보유법은 2020년 1월말에 2575.91이 된다. 총수익률 193.11%, 연복리 4.57%의 운용 성과를 올렸다. KOSPI보다 456.90만큼 초과수익이 발생했다. 총수익률 51.99%, 연복리 0.84%의 초과수익률을 올렸다. 반면 국채(3)보다 457.20만큼 부진했다. 총수익률 52.02%, 연복리 0.71%의 손실이 발생했다.

매입보유법은 주식과 채권의 중간 수준을 정확하게 움직이고 있다. 시뮬레이션 기간 중 대체로 채권이 우세를 차지했지만, 가끔은 주식이 유리한 적도 있었다. 하지만 매입보유법은 어떤 경우에도 1등은 물론 꼴찌도 하지 않았다. 특히 꼴등을 한 적이 없다는 점에 주목하라. 이러한 매입보유법은 가장 기본적인 형태이기 때문에 다양한 자산배분 전략의 벤치마크로 보면 된다.

단기에 대박을 터뜨리길 원하는 투자자가 대부분이다. 가끔 장기 투자를 하는 경우도 있는데, 원해서 하는 경우는 드물다. 단기 대박을 노렸지만 예상과 달리 손실이 발생해서 어쩔 수 없이 '비자발적인 장기 투자'를 하게 된 결과다. 이런 장기 투자는 결코 바람직하지 않다. 투자자들의 속어로 말하면, 수익이 날 때까지 무조건 '존버'하겠다는 심보일 뿐이다. 버핏은 "영원히 보유하는 것을 가장 좋아한다"고 말한다. 하지만 버핏이 영원히 보유하고 싶다는 것은 경제적 해자가 뛰어난 가치우량주를 두고 한 말이다.

정률투자법

그레이엄은 《현명한 투자자》의 여러 챕터에 걸쳐 정률투자법을 반복해서 추천하고 있다. 그레이엄이 어떻게 언급했는지 발췌해서 소개한다.

우리는 방어적인 투자자라 할지라도 포트폴리오에서 최소 25% 이상은 주식을 보유해야 한다고 일관되게 주장해 왔으며, 주식과 채권을 50대 50으로 나누는 것을 권장했다.(서문)

가장 단순한 방식은 두 자산의 비중을 50대 50으로 유지하되, 시장 상황으로 인해 비중이 5% 정도 변동하면 이를 조정하여 다시 50대 50으로 맞추는 것이다.
방어적 투자자는 항상 자산의 일정 부분을 채권과 주식에 투자하는 기본적인 절충안을 유지해야 한다는 점을 다시 한번 강조한다. 가장 단순한 방법은 채권과 주식에 50:50으로 나누는 것이며, 각자의 판단에 따라 최소 25%에서 최대 75%까지 비중을 다양하게 조정할 수도 있다.(1장)

주식과 채권을 50:50 비율로 배분하는 것을 기본으로 하되, 장기적인 약세장에서 주식을 저렴한 가격에 살 수 있을 때는 주식 비중을 늘려야 하고, 반대로 주식시장 수준이 너무 높아서 위험하다고 판단되면 주식 비중을 50% 이하로 줄이는 것이 현명한 방법이다.
따라서 대부분의 독자들에게 포트폴리오에서 채권과 주식의 비중을 가능한 한 동일하게 50:50 포뮬러를 지속적으로 유지하도록 권장한다.
예를 들어 주가가 올라서 주식비중이 55%가 되면 주식 5% 주식보유의 11분의 1를 매도하고 그 대금으로 채권을 추가 매수하여 다시 50:50이 되도록 하는 것이다. 반대로 주식비중이 45%로 떨어졌다면 채권의 11분의 1을 매각하고 그 대금으로 주식을 추가로 매수해야 한다.
50:50 전략은 방어적 투자자에게 매우 적합하다고 확신한다. 여기에는 다음과 같은 몇 가지 이유가 있다. 매우 간단하고, 의심할 여지없이 올바른 방향을 지향하며, 투자자들에게는 적어도 시장 상황에 어느 정도 대응할 수 있다는 느낌을 주기 때문

이다. 그러나 가장 중요한 것은 주가 수준이 상승하여 시장이 위험한 수준까지 갈 때 주식에 점점 더 많은 비중이 몰리는 것을 방지할 수 있다는 것이다.

또한 진정한 방어적 투자자는 상승장에서 포트폴리오의 절반에서 나오는 수익에 만족하고, 급격한 하락장에서는 공격적인 친구들보다 훨씬 나은 상황에 있다는 사실에 위안을 삼을 것이다.

50:50 포뮬러는 가장 간단한 다목적 전략임에는 틀림없지만, 사후적 결과는 최고가 아닐 수도 있다. (모든 상황에서 가장 뛰어나다고 할 수 있는 전략은 없다.)(4장)

내가 방어적 투자자에게 제안한 50:50 전략이 아마도 1972년의 조건에서 모든 투자자에게 추천할 수 있는 최고의 매매 포뮬러일 것이다.(7장)

투자자의 포트폴리오에서 주식과 채권의 비중을 기계적으로 조절하는 방법을 권장하는 이유가 바로 이러한 심리적 특성 때문이며, 이는 재무적 손익보다 훨씬 더 큰 영향을 미치기 때문이다. 이러한 방법의 가장 큰 장점은 투자자가 자신이 무엇을 해야 할지 깨닫게 해 준다는 것이다. 시장이 오를 때는 주식을 일부 매도하여 그 돈으로 채권에 투자하게 만들고, 하락할 때는 그 반대로 하게 한다. 이러한 활동을 통해 불필요한 고민 때문에 소모되는 에너지를 아낄 수 있다. 올바른 유형의 투자자라면 자신의 행동이 군중과 정반대라는 점에서 추가적인 만족감을 느낄 것이다.(8장)

정률투자법은 매입보유법과 마찬가지로 처음에는 주식 50%, 채권 50%로 출발한다. 그런데 시간이 지나면 주식 가격이나 채권 가격이 변동할 것이다. 그러면 가격 변동에 따라 보유하고 있는 주식 비중이나 채권 비중도 달라질 것이다.

예를 들어 가격 변동에 따라 주식 비중은 늘어나서 55%가 되고, 채권 비

〈표 7-2〉 정률투자법 운용 성과 (1996~2020)

구분	2020.01	총수익률	연복리
KOSPI	2119.01	141.12%	3.72%
국채(3)	3033.11	245.13%	5.28%
매입보유법	2575.91	193.11%	4.57%
정률투자법	3118.67	254.87%	5.40%
- KOSPI	999.66	113.75%	1.68%
- 국채(3)	85.55	9.74%	0.12%
- 매입보유법	542.76	61.76%	0.83%

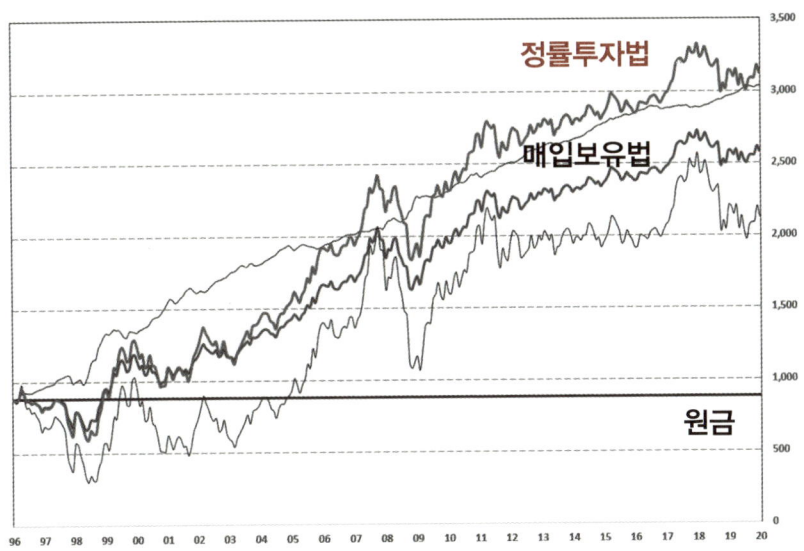

〈그림 7-4〉 정률투자법 운용 성과 (1996~2020)

중은 줄어들어 45%가 되었다고 하자. 그럴 때 주식 5%를 매도하여 채권 5%를 매수함으로써 주식 비중과 채권 비중을 다시 50%로 균형을 맞추는 리밸런싱을 한다. 이렇게 주식 비중과 채권 비중을 50%로 계속해서 유지하는 방법을 정률투자법 Constant Ratio Plan 이라고 한다.

정률투자법은 1996년 1월말에 878.82에서 출발해서 24년이 지난 2020년 1월말에 3118.67이 된다. 총수익률 254.87%, 연복리 5.40%의 운용 성과를 올렸다. 처음에는 주식과 채권의 중간 수준에서 움직이다가, 리밸런싱에 따른 매매 이익이 쌓이면서 결국에는 가장 높은 수익률을 올릴 수 있었다.

KOSPI보다 999.66만큼 초과수익이 발생했다. 총수익률 113.75%, 연복리 1.68%의 초과수익률을 올렸다. 또 국채(3)보다 85.55만큼 초과수익이 발생했다. 총수익률 9.74%, 연복리 0.12%의 초과수익률을 올렸다. 또 매입보유법보다 542.76만큼 초과수익이 발생했다. 총수익률 61.76%, 연복리 0.83%의 초과수익률을 올렸다. 정률투자법은 KOSPI는 물론 국채3년물보다 높은 수익률을 올렸다.

정률투자법은 여러 면에서 장점이 있다. 첫째, 매우 간단한 기준을 사용하기 때문에 일반 투자자도 손쉽게 운용할 수 있다. 둘째, 주기적인 리밸런싱을 통해 저가 매수와 고가 매도가 자연스럽게 반복되면서 매매 이익이 쌓인다. 윌리엄 번스타인은 이러한 리밸런싱의 습관은 투자자에게 싸게 매수해서 비싸게 매도하는 훈련을 자동으로 시켜준다고 말한다. 셋째, 그레이엄의 말처럼 아무리 힘든 상황이 닥치더라도 무언가 했다는 점에서 스스로 대견하게 여길 만한 만족감을 느끼고, 결과적으로 투자자로서의 자존감을 지킬 수 있다는 점이다. 마지막으로 정률투자법을 꾸준하게 운용하다 보면 꼴찌 탈출은 물론이고 어느덧 '넘사벽'으로 느껴졌던 1등도 차지하게 된다는 것이다. 장기 투자에 대한 확실한 보답이 이루어진 셈이다.

이런 생각은 정보이론의 아버지로 불리는 클로드 섀넌$^{Claude\ Shannon}$도 마찬가지였다. 윌리엄 파운드스톤$^{William\ Poundstone}$이 쓴 《머니 사이언스》를 참조하면, 클로드 섀넌은 MIT에서 '과학적 투자$^{Scientific\ Investing}$'라는 강연에서 균형 복원 포트폴리오, 일명 섀넌의 도깨비$^{Shnnon's\ Demon}$를 이렇게 소개했다.

"장기 투자자는 연복리 수익률을 극대화하기 위해 산술평균보다 기하평균이 최대가 되는 포트폴리오를 구성해야 하며, 그것은 바로 50 대 50 투자다. 게다가 섀넌의 균형 복원 포트폴리오는 위험조정 수익에서도 더 낫다. 섀넌이 강의한 요점은 주가는 랜덤워크한다는 절대적 장벽 때문에 초과수익을 올리기란 불가능하다는 효율적 시장 가설에 대한 반박이었다."

에드워드 소프의 자서전 《나는 어떻게 시장을 이겼나》를 보면 클로드 섀넌의 주식투자 수익률이 얼마나 대단했는지를 엿볼 수 있는 일화가 나온다. 클로드 섀넌은 칠판에 $2^{11} = 2,048$이라는 숫자를 적어 놓았는데, 이 숫자는 클로드 섀넌이 생각하는 자신의 투자 수익 목표는 원금의 2,048배라는 의미였다.

윌리엄 번스타인은 《현명한 자산배분 투자자》에서 1969~1988년 동안 미국 주식과 채권으로 구성된 포트폴리오를 백테스트한 결과, 주식 50%, 채권 50%로 구성된 포트폴리오가 '최고'의 자산배분이었다는 사실을 발견했다.

변율투자법

●

방어적인 투자자라 할지라도 포트폴리오에서 최소 25% 이상은 주식을 보유해야 한다고 일관되게 주장해 왔으며, 주식과 채권을 50대 50으로 나누는 것을 권장했다.(서문)

나는 방어적 투자자에게 보유 자산을 우량등급 채권과 우량주로 나누도록 권장한다. 채권 보유 비중은 25% 이상 75% 이하로 유지하고, 그 나머지 비중은 주식으로 구성되어야 한다. 가장 단순한 방식은 두 자산의 비중을 50대 50으로 유지하되, 시장 상황으로 인해 비중이 5% 정도 변동하면 이를 조정하여 다시 50대 50으로 맞추는 것이다. 다른 전략으로는 '시장이 과열되어 위험 수준에 이르렀다고 판단되면' 주식 비중을 25%로 줄이고, 반대로 '주가 하락으로 인해 주식의 매력이 커졌다고 판단되면' 주식 비중을 최대 75%까지 늘리는 방법이 있다.

가장 단순한 방법은 채권과 주식에 50:50으로 나누는 것이며, 각자의 판단에 따라 최소 25%에서 최대 75%까지 비중을 다양하게 조정할 수도 있다.(1장)

기본적인 지침은 자산의 25% 이상 75% 미만으로 주식에 투자하는 것이며, 이에 따라 채권은 주식의 나머지인 75% 이상 25% 미만으로 가져가야 한다.(4장)

여전히 개인들의 시장 전망을 반영하여 주식의 비중을 최소 25%에서 최대 75% 사이에서 결정하도록 권고하고 있다.(7장)

주식과 채권을 50%씩 매입했지만 가격이 변동하면 그 비중이 달라진다. 그 때 주식과 채권의 비중을 다시 50%로 리밸런싱하면서 항상 그 비중을 50%로 유지하는 것이 정률투자법이다.

그런데 어차피 주식 비중을 줄일 바에는 보다 공격적으로 줄이고, 어차피 주식 비중을 늘릴 바에는 보다 공격적으로 늘리면 어떻게 될까? 이렇게 정률투자법보다 공격적으로 비중을 리밸런싱하여 투자하는 방법을 변율투자법 Variable Ratio Plan 이라고 한다.

〈그림 7-5〉 그레이엄이 의도한 변율투자법 주식 비중 결정 방법 (1996~2020)

〈그림 7-6〉 그레이엄의 의도로 결정된 변율투자법 주식 비중 (1996~2020)

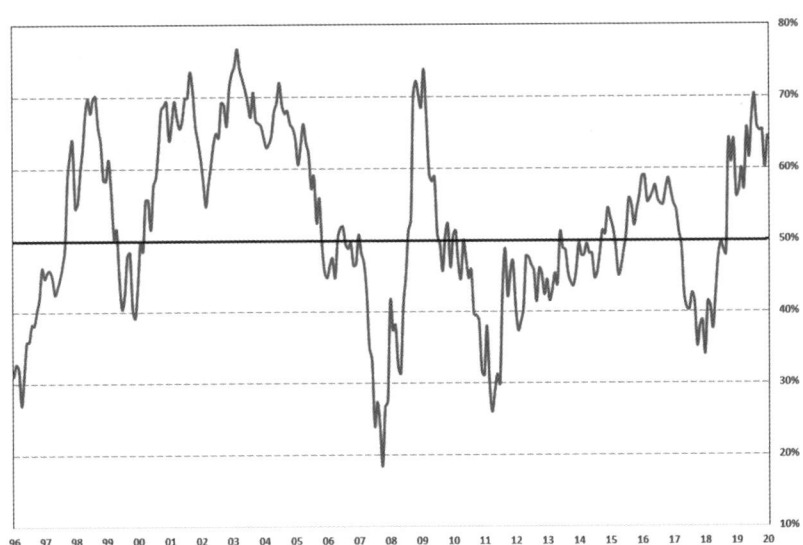

7장 | 자산배분   207

그레이엄은 주식 비중을 최소 25%까지 줄이거나 최대 75%까지 늘리는 방안을 제시했다. 어떻게 주식 비중을 결정할지에 대한 구체적인 공식을 제시하지는 않았지만, 아마도 그레이엄은 머릿속으로 〈그림 7-5〉와 같은 형태로 생각했을 것이라고 추정한다.

즉 주가 움직임의 중심을 관통하는 추세를 그리고 그 추세로부터 일정한 간격으로 떨어진 밴드를 그린다. 밴드의 최상단은 25%의 비중을, 최하단은 75%의 비중을 설정한 다음 중심선에서 얼마나 떨어져 있는지에 비례해서 주식 비중을 결정하는 것이다.

〈표 7-3〉 그레이엄이 의도한 변율투자법 운용 성과 (1996~2020)

구분	2020.01	총수익률	연복리
KOSPI	2119.01	141.12%	3.72%
국채(3)	3033.11	245.13%	5.28%
매입보유법	2575.91	193.11%	4.57%
정률투자법	3118.67	254.87%	5.40%
변율(그레이엄)	4536.52	416.21%	7.05%
- KOSPI	2417.51	275.09%	3.33%
- 국채(3)	1503.40	171.07%	1.77%
- 매입보유법	1960.61	223.10%	2.49%
- 정률투자법	1417.85	161.34%	1.65%

변율(그레이엄)은 1996년 1월말에 878.82에서 출발해서 24년이 지난 2020년 1월말에 4536.52가 된다. 총수익률 416.21%, 연복리 7.05%의 운

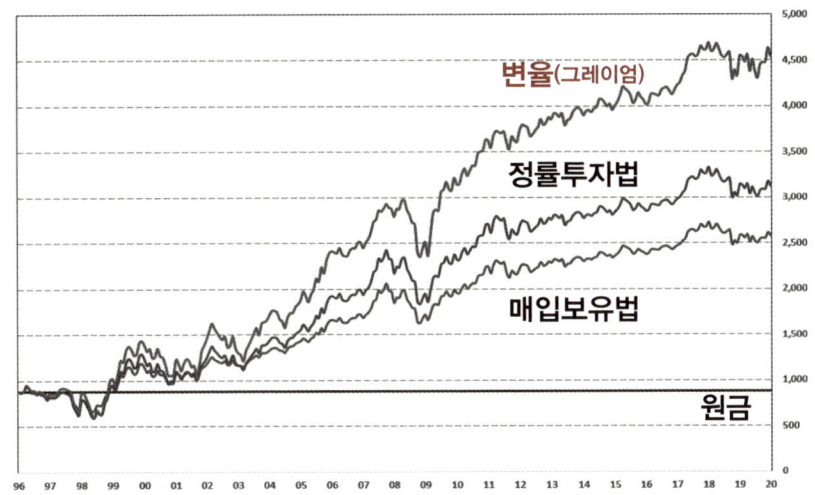

〈그림 7-7〉 그레이엄이 의도한 변율투자법 운용 성과 (1996~2020)

용 성과를 올렸다. 약세장이 길어지면 추가 매수를 하면서 평가손실이 확대되어 불리한 국면도 존재하지만, 다시 회복되면 저가에 많이 매수해둔 덕분에 두드러지게 수익률 개선이 이루어졌다.

결국 정률투자법보다 공격적인 리밸런싱을 반복한 결과 매매 이익이 크게 쌓이면서 가장 우수한 운용 성과를 올렸다. KOSPI보다 2417.51만큼 초과수익이 발생했다. 총수익률 275.09%, 연복리 3.33%의 초과수익률을 올렸다. 또 국채(3)보다 1503.40만큼 초과수익이 발생했다. 총수익률 171.07%, 연복리 1.77%의 초과수익률을 올렸다. 또 매입보유법보다 1960.61만큼 초과수익이 발생했다. 총수익률 223.10%, 연복리 2.49%의 초과수익률을 올렸다. 또 정률투자법보다 1417.85만큼 초과수익이 발생했다. 총수익률 161.34%, 연복리 1.65%의 초과수익률을 올렸다.

실제로 KOSPI의 움직임을 근거로 추세의 중심선은 회귀분석을 통해 쉽게 얻을 수 있다. 또 KOSPI의 움직임이 밴드 내에 위치하도록 밴드의 크기를 찾아낼 수 있다. 하지만 이 모든 작업이 사후에나 그럴 수밖에 없었다고 무릎을 치는 사후확신 편향Hindsight Bias이라는 점이 함정이다. 현실 상황에서는 KOSPI의 추세를 미리 예상할 수 없기 때문이다. 따라서 추세의 중심선이나 밴드의 크기도 미리 예단할 수 없다.

따라서 여기서는 그레이엄의 취지를 살리면서 현실적으로 적용 가능한 기준을 만들어 보기로 한다. 매입보유법은 처음에 주식 50%, 채권 50%로 출발해서 그대로 보유한 포트폴리오다. 주식이 채권보다 강세라면 매입보유법의 주식 비중은 늘어날 것이다. 반대로 주식이 채권보다 약세라면 매입보

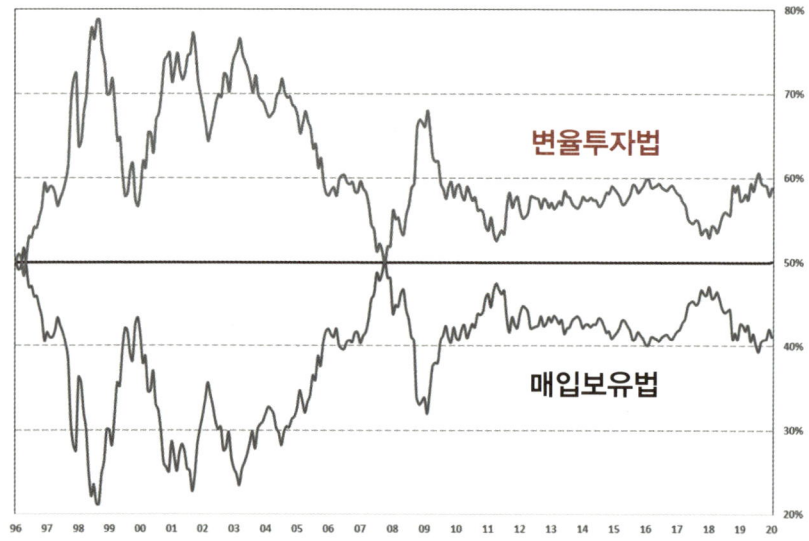

〈그림 7-8〉 변율투자법 주식 비중 (1996~2020)

유법의 주식 비중은 줄어들 것이다. 따라서 매입보유법의 주식 비중은 주식이 채권에 비해 강세인지, 약세인지를 판별할 수 있는 좋은 대안이 된다.

정률투자법은 줄어든 주식 비중을 다시 50% 수준으로 복원하는 것이다. 그런데 변율투자법은 정률투자법보다 훨씬 공격적으로 주식 비중을 변화시키는 것이다. 여기서 방법은 변율투자법의 주식 비중을 매입보유법과 대칭이 되도록 기준을 잡는 것이다. 공교롭게도 이 기준은 매입투자법의 채권 비중과 같다.

정리하면 변율투자법의 주식 비중을 매입보유법의 채권 비중으로 맞추는 것이다. 그레이엄은 주식 비중을 25~75% 범위를 제시했지만, 임의로 정한 변율투자법에서는 50%를 살짝 하회한 수준에서 80% 수준까지 나타났다. 왜냐하면 주식의 가격 변동에 비해 채권의 가격 변동은 상대적으로 크지 않았기 때문이다.

〈표 7-4〉 **변율투자법 운용 성과** (1996~2020)

구분	2020.01	총수익률	연복리
KOSPI	2119.01	141.12%	3.72%
국채(3)	3033.11	245.13%	5.28%
매입보유법	2575.91	193.11%	4.57%
정률투자법	3118.67	254.87%	5.40%
변율투자법	3593.38	308.89%	6.02%
- KOSPI	1474.37	167.77%	2.30%
- 국채(3)	560.27	63.75%	0.74%
- 매입보유법	1017.47	115.78%	1.46%
- 정률투자법	474.72	54.02%	0.62%

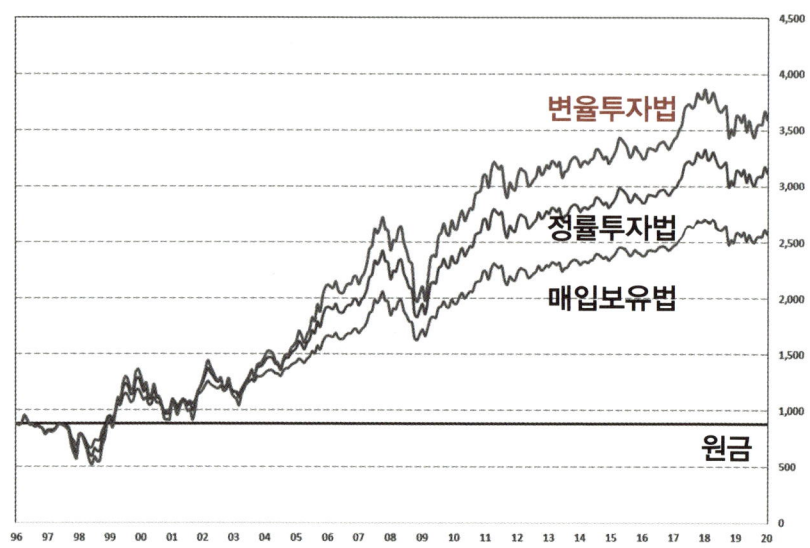

〈그림 7-9〉 변율투자법 운용 성과 (1996~2020)

　　변율투자법은 1996년 1월말에 878.82에서 출발해서 24년이 지난 2020년 1월말에 3593.38이 된다. 총수익률 308.89%, 연복리 6.02%의 운용 성과를 올렸다. 약세장이 길어지면 추가 매수를 하면서 평가손실이 확대되어 불리한 국면도 존재하지만, 다시 회복되면 저가에 많이 매수해둔 덕분에 두드러지게 수익률 개선이 이루어졌다.

　　결국 정률투자법보다 공격적인 리밸런싱을 반복한 결과 매매 이익이 크게 쌓이면서 가장 우수한 운용 성과를 올렸다. KOSPI보다 1474.37만큼 초과수익이 발생했다. 총수익률 167.77%, 연복리 2.30%의 초과수익률을 올렸다. 또 국채(3)보다 560.27만큼 초과수익이 발생했다. 총수익률 63.75%, 연복리 0.74%의 초과수익률을 올렸다. 또 매입보유법보다 1017.47만큼 초과수익이 발생했다. 총수익률 115.78%, 연복리 1.46%의 초과수익률을 올렸다. 또 정률투자법보다 474.72만큼 초과수익이 발생했다. 총수익률 54.02%, 연복리 0.62%의 초과수익률을 올렸다.

정액매수 적립식

"주식투자를 하면 패가망신을 한다"면서 주식투자 자체를 매우 부정적으로 보는 경향이 있다. 주식투자에서 손실을 본 사람이 많기 때문일 것이다. 그리고 그들은 대부분 건전한 투자가 아니라 도박과 다름이 없는 투기를 했을 것이다.

그렇다면 주식투자를 하지 않는 편이 낫다. 미국에서도 투기꾼들이나 주식을 거래하는 것처럼 부정적인 시기가 있었던 것 같다. 그래서 대중들이 겁을 먹지 않고 건전하게 주식투자를 시작할 수 있도록 캠페인을 하기도 했다.

뉴욕증권거래소는 매월 일정한 금액으로 주식을 매수하는 '월적립식 투자$^{Monthly\ Purchase\ Plan}$' 방식을 홍보하기 위해 많은 노력을 기울였다. 이는 미국에서 '정액분할매수$^{Dollar-Cost\ Averaging}$'로 알려진 일종의 포뮬러 플랜$^{Formula\ Plan}$ 기법을 적용한 것이다. 1949년 이후 강세장에서 이 방식의 결과는 상당히 만족스러웠는데, 특히 이 방식은 투자자가 잘못된 시점에 집중적으로 매수하는 것을 방지하기 때문이다.(5장)

한국에서도 주식투자를 대중화하기 위해 많은 노력을 기울여 왔다. 주식투자를 일종의 저축 상품으로 제공하기도 했다. 근로자를 위한 '근로자 증권저축', 일반 투자자를 위한 '일반 증권저축', 증권회사에서 주식 매수자금을 빌려주고 분할 상환하는 '할부식 증권저축'까지 있었다. 한꺼번에 큰돈을 투자하기 무서운 사람에게 아주 소액으로 투자 경험을 제공해서 주식투자자를 양성하려는 목적이었다.

또 증권사에서 제공하는 개인 연금저축도 매월 일정한 금액으로 주식형 상품에 투자하는 방법이다. IMF 외환위기를 거치면서 큰 손실을 경험한 투자자들이 주식투자를 꺼리기 시작하자, 적립식 펀드 캠페인이 다시 등장했다. 《현명한 투자자》에서 그레이엄이 언급한 내용을 보면 그레이엄 역시 일반 투자자들이 주식투자에 입문하기를 상당히 원했다고 볼 수 있다.

> 시장 상황과 관계없이 우량주를 매월 정기적으로 일정 금액을 매수하는 이른바 정액분할매수 방식dollar-cost averaging의 장점을 잘 보여준다.(서문)

> 셋째는 정액분할매수dollar-cost averaging 기법이라고 하는 방식인데, 적립식으로 매월 또는 분기마다 일정 금액을 주식에 투자하는 것이다. 이렇게 하면 가격이 높을 때보다 낮을 때 더 많은 주식을 매수하게 되어 전체적으로 만족스러운 평균 매입단가를 확보할 수 있다. 엄밀히 말하자면, 이 방법은 넓은 의미에서 '포뮬러 투자formula investing' 기법의 하나이다.(1장)

> 꾸준히 적립식으로 투자한 투자자는 기존 매수 전략을 유지해도 되고, 논리적으로 가격 수준이 더 이상 위험하지 않다고 느낄 때까지 매수를 중단할 수 있다. 새로운 적립식투자를 시작하는 것은 바람직하지 않다. 시작 직후에 결과가 매우 좋지 않으면 많은 경우 이를 지속하지 못하고 포기할 가능성이 크기 때문이다.(3장)

루실 톰린슨Lucile Tomlinson은 포뮬러 플랜에 대하여 종합적으로 자세히 연구하고, 다우지수를 추종하는 주식 종목군의 정액분할매수 투자 성과를 계산해 발표했다. 그

연구는 1920~1952년까지 10년을 단위로 하여 23개 기간의 성과를 분석했다. 포트폴리오의 가치가 일시적으로 크게 하락한 적도 있었으나, 23개 모든 기간에서 매수가 종료되는 시점 또는 종료 후 5년 이내 수익이 발생했다. 23개 매입 기간의 평균 수익률은 배당금을 제외하고 21.5%였다.

루실 톰린슨은 이 투자 포뮬러에 대하여 다음과 같은 인상적인 문장으로 마무리했다: "정액분할매수 투자처럼 주가와 무관하게 최종적으로 성공할 가능성을 확신할 수 있는 투자 포뮬러는 아직 어떤 것도 발견되지 않았다."(5장)

적립식 투자의 장점은 높은 가격에서는 적은 수량, 낮은 가격에서는 많은 수량을 매수할 수 있기 때문에, 주가가 하락한 적이 있을수록 매수 평균 단가를 상대적으로 많이 낮출 수 있다는데 있다. 이러한 투자법을 '평균투자법$^{DCA,\ Dollar\ Cost\ Average}$' 또는 '정액매수 적립식$^{CDP,\ Constant\ Dollar\ Plan}$'이라고 한다.

정액매수 적립식은 주가가 상승하면 적은 수량을 매수하고, 하락하면 많은 수량을 매수하게 되므로 주가등락에 관계없이 항상 같은 수량을 매수하는 정량매수 적립식$^{CSP,\ Constant\ Share\ Purchase}$보다 유리해진다.

매월 적립하는 금액만을 기준으로 수익률을 비교하는 것은 적절치 않다. 사실 적립식 투자의 수익률을 평가하려면 입출금의 시기와 금액을 모두 감안하는 금액가중 수익률이 가장 합리적이다. 하지만 이 방법은 매우 계산이 복잡하여 일반 투자자에게는 쉽지 않은 작업이다.

앞서 살펴본 정률투자법, 변율투자법 등을 거치식이라고 하는데, 거치식과의 적절한 비교를 위해서 매달 일정 금액이 채권에서 주식으로 이동한다고 가정하는 편이 쉬운 접근이다. 주식으로 이동되지 않고 채권으로 남은 금액에 대해서는 기회비용을 고려하기 때문이다.

〈표 7-5〉 정액매수 적립식 운용 성과 (1996~2020)

구분	2020.01	총수익률	연복리
KOSPI	2119.01	141.12%	3.72%
국채(3)	3033.11	245.13%	5.28%
정액매수 적립식	3491.35	297.28%	5.90%
- KOSPI	1372.34	156.16%	2.17%
- 국채(3)	458.24	52.14%	0.62%

〈그림 7-10〉 정액매수 적립식 운용 성과 (1996~2020)

    정액매수 적립식은 1996년 1월말에 878.82에서 출발해서 24년이 지난 2020년 1월말에 3491.35가 된다. 총수익률 297.28%, 연복리 5.90%의 운용 성과를 올렸다. KOSPI보다 1372.34만큼 초과수익이 발생했다. 총수익률

156.16%, 연복리 2.17%의 초과수익률을 올렸다. 또 국채(3)보다 458.24만큼 초과수익이 발생했다. 총수익률 52.14%, 연복리 0.62%의 초과수익률을 올렸다. KOSPI는 물론 국채(3)보다 초과수익률을 올렸다는 점은 인상적이다.

초기에는 작은 금액으로 출발하여 혹시 있을지도 모르는 큰 손실을 예방하지만, 차츰 주식 보유 금액을 늘리면서 공격적으로 변하는 성격이 있다. 이는 시장이 장기적으로는 상승할 것이라는 전망을 전제로 한다. 만일 나중에 시장이 하락한다면, 과다한 주식 보유 금액으로 인해 큰 손실을 볼 수도 있다.

종합하면 시장 상황에 상관없이 매달 규칙적으로 매수하는 정액매수 적립식은 초기에는 적은 금액이기 때문에 시장 변동에서 비교적 안전하지만 적립 기간이 길어질수록 보유 금액이 커지면서 시장 변동에 점차 노출되는 특성이 있다. 시장이 등락을 거듭할수록 평균 매수단가를 낮추는 효과가 발생하는 점이 유리하지만, 투자 종료 시의 주가에 따라 투자 수익률이 결정되므로 결과적으로 수익이 보장되지는 않는다.

벤치마크(국제)

홍춘욱 박사는 《돈 좀 굴려봅시다》에서 한국의 자산시장에 채찍효과가 있다고 지적한다. 미국 등 선진국의 경제가 개선되면 공급사슬의 끝에 있는 한국의 경제는 훨씬 좋아지며 주식시장도 크게 상승한다. 반대로 미국 등 선진국의 경제가 악화되면 한국의 경제는 훨씬 더 나빠지고 주식시장도 더 크게 하락한다. 그러므로 글로벌 투자자들은 선진국의 경기가 악화될 조짐을 보이면 한국의 자산을 기피하는 현상이 강하게 나타난다.

한국의 외환시장에서는 미국의 경제여건이 나빠지면 달러 강세, 원화 약세 현상이 나타나며, 반대로 미국의 경제여건이 개선되면 달러 약세, 원화 강세 현상이 나타나는 것이다. 홍춘욱 박사가 KOSPI와 다른 자산과의 상관관계를 분석한 바에 따르면, 소비자물가지수 -0.48, 전국 아파트 상승률 -0.19, 회사채 수익률 -0.24, 미국 국채 -0.57로서, KOSPI와 미국 국채가 포트폴리오에 자산배분하기에 가장 좋은 조합으로 밝혀졌다. 여기서는 한국 국채(3)을 기준으로 한 점을 감안하여, 미국 국채는 5년물을 기준으로 시뮬레이션을 하겠다. 앞으로 미국 국채 5년물은 TB(5)로 표시하겠다.

〈그림 7-11〉 TB(5) 채권수익률 (1996~2020)

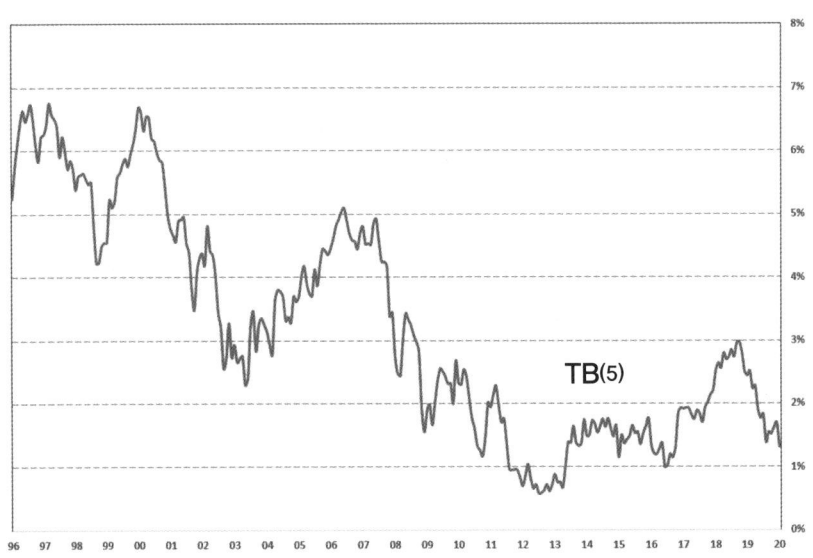

TB(5)의 채권수익률은 1996년 1월말에 6% 수준에서 등락하다가 글로

〈그림 7-12〉 원/달러 환율 (1996~2020)

벌 금융위기를 거치면서 양적 완화의 영향으로 줄곧 하향하여 최근에는 2% 에도 미치지 못하고 있다. 그런데 TB(5)는 채권수익률만 보아서는 부족하다. 한국 투자자 입장에서 TB(5)를 매수하려면, 원화를 달러로 환전해야 하고, 투자수익률도 원화기준으로 평가해야 하기 때문에, 환율도 동시에 고려해야 한다. 원/달러 환율은 IMF 외환위기와 글로벌 금융위기 당시에 크게 상승했다.

TB(5)에 전액 투자한 포트폴리오는 1996년 1월말에 878.82에서 출발해서 24년이 지난 2020년 1월말에 2990.02가 된다. 총수익률 240.33%, 연복리 5.22%의 운용 성과를 올렸다. KOSPI보다 871.91 만큼 초과수익이 발생했다. 총수익률 99.21%, 연복리 1.49%의 초과수익률을 올렸다. 반면 국채(3)보다 42.19만큼 부진했다. 총수익률 4.80%, 연복리 0.06%의 손실이

〈표 7-6〉 TB(5) 운용 성과 (1996~2020)

구분	2020.01	총수익률	연복리
KOSPI	2119.01	141.12%	3.72%
국채(3)	3033.11	245.13%	5.28%
TB(5)	2990.92	240.33%	5.22%
− KOSPI	871.91	99.21%	1.49%
− 국채(3)	−42.19	−4.80%	−0.06%

〈그림 7-13〉 TB(5) 운용 성과 (1996~2020)

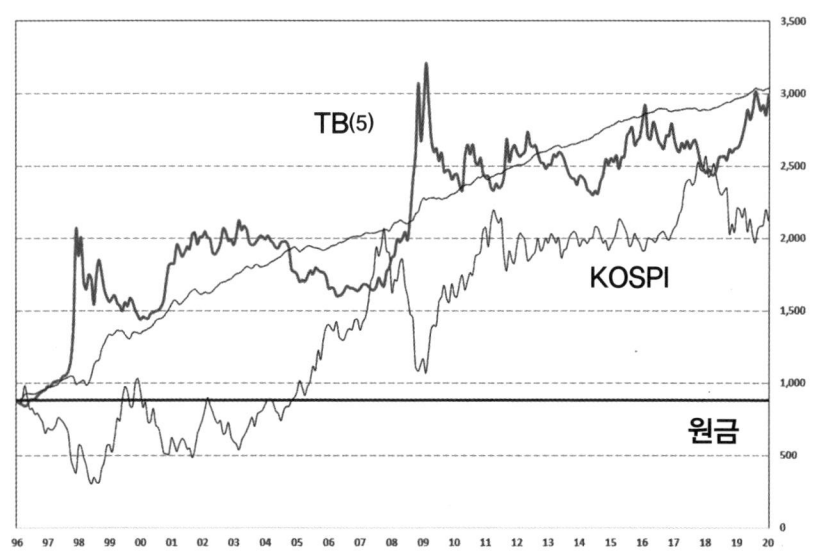

발생했다. 예전에 한국의 국채수익률의 수준이 높았던 데다가, 수익률 하락 폭도 컸기 때문이다. 〈그림 7-13〉을 보면 TB(5)와 KOSPI는 반대로 움직이는 경향이 뚜렷하다는 것을 알 수 있다. 상관관계가 마이너스라는 것이다.

TB(5)의 운용 성과는 이렇게 추정한다. 60개월의 만기가 남은 당월 발행물에 투자하여 1달이 경과하면 59개월의 만기가 남은 셈이다. 그러면 1달이 경과하여 59개월의 만기가 남은 채권을 매도하고, 다시 60개월의 만기가 남은 당월 발행물로 교체하는 과정을 반복한다. 이 때 모든 평가는 달러가 아니라 원화로 환전하여 추정한다. 이렇게 구한 TB(5)를 글로벌 자산배분을 위한 또 하나의 벤치마크로 추가한다.

정률투자법(국제)

주식과 채권의 비중이 항상 50%씩으로 유지되도록 리밸런싱하는 것이 정률투자법(국제)이다.

여기서 주식은 KOSPI, 채권은 TB(5)로 진행한다.

〈표 7-7〉 정률투자법(국제) 운용 성과 (1996~2020)

구분	2020.01	총수익률	연복리
KOSPI	2119.01	141.12%	3.72%
TB(5)	2990.92	240.33%	5.22%
정률(국내)	3118.67	254.87%	5.40%
정률(국제)	3666.82	317.24%	6.11%
- KOSPI	1547.81	176.12%	2.39%
- TB(5)	675.89	76.91%	0.89%
- 정률(국내)	548.15	62.37%	0.71%

정률투자법(국제)은 1996년 1월말에 878.82에서 출발해서 24년이 지난

〈그림 7-14〉 정률투자법(국제) 운용 성과 (1996~2020)

2020년 1월말에 3666.82가 된다. 총수익률 317.24%, 연복리 6.11%의 운용 성과를 올렸다. KOSPI보다 1547.81만큼 초과수익이 발생했다. 총수익률 176.12%, 연복리 2.39%의 초과수익률을 올렸다. 또 TB(5)보다 675.89만큼 초과수익이 발생했다. 총수익률 76.91%, 연복리 0.89%의 초과수익률을 올렸다. 또 정률투자법(국내)보다 548.15만큼 초과수익이 발생했다. 총수익률 62.37%, 연복리 0.71%의 초과수익률을 올렸다.

TB(5)는 국채(3)에 비해 총수익률은 좋지 않지만, KOSPI와 거의 반대로 움직였기 때문에 포트폴리오 리밸런싱 효과가 매우 뛰어났다. KOSPI가 급락할 때 TB(5)가 급등하면서 헤지 효과가 있었지만, KOSPI가 급등할 때 TB(5)가 급락하면서 발목을 잡기도 했다. 하지만 크게 보면 한국 투자자의 입장에서 선진국 경제 변화에 심할 정도로 채찍효과가 존재하는 KOSPI와 한국의 경제가 힘들수록 달러 강세를 보이며 KOSPI와 음(-)의 상관관계인 TB(5)로 구성된 포트폴리오는 매우 바람직한 조합으로 보인다. 이제 KOSPI 와 TB(5)의 비중에 변화를 주면 어떻게 되는지 살펴보자.

자산배분 전문가 김성일은 《마법의 돈 굴리기》에서 위험 자산인 주식과 안전 자산인 채권으로 구성된 포트폴리오를 투자 성향에 따라 세 가지로 분류하고 있다. 주식 70% : 채권 30% 포트폴리오를 공격형, 주식 50% : 채권 50% 포트폴리오를 중립형, 주식 30% : 채권 70%를 안정형이라 부른다. 이와 같은 분류를 참고하여 KOSPI와 TB(5)를 시뮬레이션 해보자.

〈표 7-8〉 정률국제(3:7), 정률국제(7:3) 운용 성과 (1996~2020)

구분	2020.01	총수익률	연복리
KOSPI	2119.01	141.12%	3.72%
TB(5)	2990.92	240.33%	5.22%
정률국제(5:5)	3666.82	317.24%	6.11%
정률국제(3:7)	3696.55	320.63%	6.15%
－ KOSPI	1577.54	179.51%	2.42%
－ TB(5)	705.62	80.29%	0.93%
－ 정률국제(5:5)	29.73	3.38%	0.04%
정률국제(7:3)	3227.79	267.29%	5.55%
－ KOSPI	1108.78	126.17%	1.83%
－ TB(5)	236.87	26.95%	0.33%
－ 정률국제(5:5)	−439.02	−49.96%	−0.56%

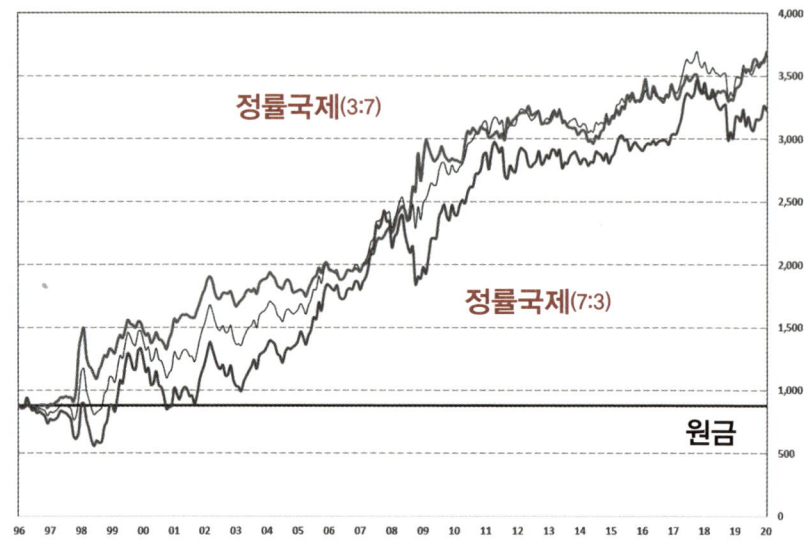

〈그림 7-15〉 정률국제(3:7), 정률국제(7:3) 운용 성과 (1996~2019)

KOSPI 30% : TB(5) 70%로 유지하는 정률국제(3:7)는 1996년 1월말에 878.82에서 출발해서 24년이 지난 2020년 1월말에 3696.55가 된다. 총수익률 320.63%, 연복리 6.15%의 운용 성과를 올렸다. KOSPI보다 1577.54만큼 초과수익이 발생했다. 총수익률 179.51%, 연복리 2.42%의 초과수익률을 올렸다. 또 TB(5)보다 705.62만큼 초과수익이 발생했다. 총수익률 80.29%, 연복리 0.93%의 초과수익률을 올렸다. 또 〈그림 7-15〉에서 가는 실선으로 표현된 KOSPI 50% : TB(5) 50%로 유지하는 정률국제(5:5) 보다 29.73만큼 초과수익이 발생했다. 총수익률 3.38%, 연복리 0.04%의 초과수익률을 올렸다.

KOSPI 70% : TB(5) 30%로 유지하는 정률국제(7:3)는 1996년 1월말

에 878.82에서 출발해서 24년이 지난 2020년 1월말에 3227.79가 된다. 총수익률 267.29%, 연복리 5.55%의 운용 성과를 올렸다. KOSPI보다 1108.78만큼 초과수익이 발생했다. 총수익률 126.17%, 연복리 1.83%의 초과수익률을 올렸다. 또 TB(5)보다 236.87만큼 초과수익이 발생했다. 총수익률 26.95%, 연복리 0.33%의 초과수익률을 올렸다. 반면 〈그림 7-15〉에서 가는 실선으로 표현된 KOSPI 50% : TB(5) 50%로 유지하는 정률국제 (5:5)보다는 439.02만큼 부진했다. 총수익률 49.96%, 연복리 0.56%의 손실이 발생했다. 정률국제(7:3)가 정률국제(5:5)에 비해 운용 성과가 부진한 이유는 TB(5)에 비해 부진한 KOSPI의 비중을 많이 가져갔기 때문이다.

이렇게 TB(5)를 포트폴리오에 포함시키는 이유는 단순히 수익률을 높이기 위해서만은 아니다. 경기 변동성이 큰 한국의 KOSPI에 투자할 때 따르는 위험을 완화시켜주는 일종의 보험 성격이 더 강하다는 점을 염두에 두어야 한다. 앞으로도 KOSPI와 TB(5)가 음(-)의 상관관계를 계속 유지할까?

이에 대해 홍춘욱 박사는 한국이 내수 중심으로 경제구조가 개편되거나 지식집약적인 제품을 독점적으로 생산하기는 어려울 것으로 전망했다. 즉 앞으로도 수출 중심의 경제구조를 유지할 가능성이 높기 때문에 KOSPI와 TB(5)로 조합되는 포트폴리오는 효과가 지속될 것으로 예상하고 있다. 그러므로 한국 투자자는 세계 경기가 예상과 달리 악화될 가능성에 대비해 자산의 일부를 달러 표시 국채 등 안전 자산에 분산해 투자하는 것이 바람직하다.

FED(국내) 모형

우량주는 무조건 채권보다 더 나은 투자라는 주장은 틀렸다. 주가 수준에 따라, 현재 배당수익률과 채권수익률 중 어떤 것이 더 높은지에 따라 결론이 달라질 수 있기 때문이다.

자연스럽게 다음 질문은 "우량등급 채권이 1970년과 1971년과 같이 전례 없는 수익률을 보여주고 있는데, 주식을 사는 것이 더 낫다고 확신하는 근거는 무엇인가?"가 될 것이다.

이러한 질문에 대한 답은 다소 복잡하다. 과거 오랫동안 주식은 실제로 채권보다 수익률이 높았다.(2장)

1971년 10월의 PER(최근 3년)은 1963년과 1968년 말보다 낮고, 1958년과 유사하지만 장기 강세장 초기보다는 훨씬 높다. 이 지표만 보고 1972년 1월에 주가가 특히 높다고 판단할 수는 없다. 그러나 고등급 채권수익률을 고려했을 때, 주식의 매력도는 상당히 낮아졌음을 알 수 있다. 주식의 이익수익률(EPS/주가)과 채권수익률의 비율은 해당 기간 내내 악화되어 1972년 1월 수치는 이전 조사된 어느 해보다 주식에 불리하다.

배당수익률과 채권수익률을 비교했을 때, 1948년과 1972년 사이의 관계는 완전히 역전된 것을 알 수 있다. 초기에는 주식의 배당수익률이 채권수익률의 두 배였으나, 지금은 채권수익률이 배당수익률보다 두 배나 되며 때로는 그보다 더 높은 경우도 있다.

1971년 말의 PER(3년 평균)은 다소 개선되었으나, 채권수익률 대비 배당수익률이 불리해지면서 모두 상쇄되어 버렸다. 따라서 1972년 초의 시장 수준에 대한 평가는 7년 전과 비슷하다고 본다. 즉 보수적인 투자자에게는 매력적이지 않다.(3장)

다만 투자자가 원한다면, 주가 수준이 가치를 기준으로 너무 낮거나 너무 높다고 판단된다면, 포트폴리오 내 주식과 채권의 비중을 조정하는 것을 권장한다.(8장)

그레이엄은 주식수익률과 채권수익률을 비교하여 주식투자의 매력을 점검했다. 그래서 주식투자가 얼마나 매력이 있는지에 따라 포트폴리오 내에서 주식과 채권의 비중을 조절하는 기준으로 삼으라고 조언한다.

1987~2006년 동안 미국 연방준비제도 이사회 의장을 역임한 앨런 그린스펀 Alan Greenspan은 1996년 말에 미국기업연구소에서의 연설을 통해 당시 급등하던 시장의 상태를 '비이성적 과열 Irrational Exuberance'이라고 지적하면서 금리를 인상하는 근거로 주식수익률과 채권수익률을 비교하는 모형을 제시했다. 이를 FED모형 FED Model (연준모형)이라고 하는데, 그린스펀 모형이라고도 한다.

구체적으로 미국 주식시장의 PER의 역수인 주식수익률과 미국 국채 10년물의 수익률을 비교한다. 여기서 '주식수익률 - 채권수익률' 또는 '주식수익률 / 채권수익률'을 일드갭 Yield Gap이라고 한다. 채권수익률보다 주식수익률이 크면 금리 인상을, 반대면 금리 인하를 검토한다. 한편 2000년에 IT 버블을 경험하면서 로버트 쉴러는 그린스펀의 말을 차용해서 《비이성적 과열》이라는 저서를 출간하기도 했다.

KOSPI PER의 역수인 주식수익률에서 국채(3)의 채권수익률을 차감하면 일드갭(국내)이 산출된다. 〈그림 7-16〉에서 일드갭(국내)은 왼쪽 축, 주식수익률과 국채(3)의 채권수익률은 오른쪽 축을 사용한다. 일드갭(국내)이 0보다 크면, 즉 주식수익률이 채권수익률보다 크면 주식투자에 매력이 있다는 의

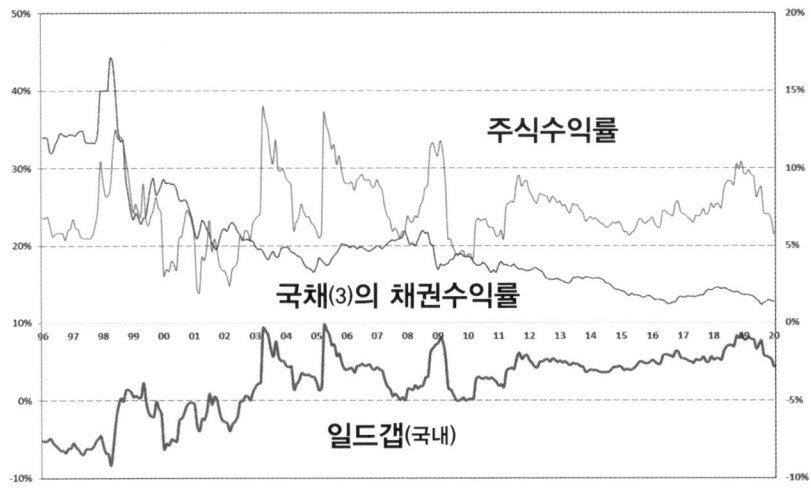

〈그림 7-16〉 **일드갭**(국내) (1996~2020)

미다. 반대로 일드갭(국내)이 0보다 작으면, 주식수익률이 채권수익률보다 작으면 주식투자에 매력이 없다는 의미다.

우리는 주식과 채권을 배타적으로 선정하는 양자택일을 지양한다. 대신에 일드갭(국내)이 0보다 크면 채권보다 주식의 비중을 더 많이 보유하기로 한다. 반대로 일드갭(국내)이 0보다 작으면 주식보다 채권의 비중을 더 많이 보유하기로 한다.

구체적인 방법은 이렇다. 주식수익률과 채권수익률의 합계를 구한다. 주식수익률을 수익률 합계로 나누어 보유해야 할 주식의 비중을 정하고, 채권수익률을 수익률 합계로 나누어 보유해야 할 채권의 비중을 정한다. 수익률이 높은 자산을 더 많이 보유하겠다는 아이디어다. 일정한 시간이 지나서 주식수익률과 채권수익률이 변동되면 다시 계산된 비중에 맞추어 리밸런싱한다.

〈표 7-9〉 FED(국내) 모형 운용 성과 (1996~2020)

구분	2020.01	총수익률	연복리
KOSPI	2119.01	141.12%	3.72%
- 국채(3)	3033.11	245.13%	5.28%
- 정률(국내)	3118.67	254.87%	5.40%
FED(국내)	5497.62	525.57%	7.91%
- KOSPI	3378.61	384.45%	4.19%
- 국채(3)	2464.51	280.43%	2.63%
- 정률(국내)	2378.96	270.70%	2.51%

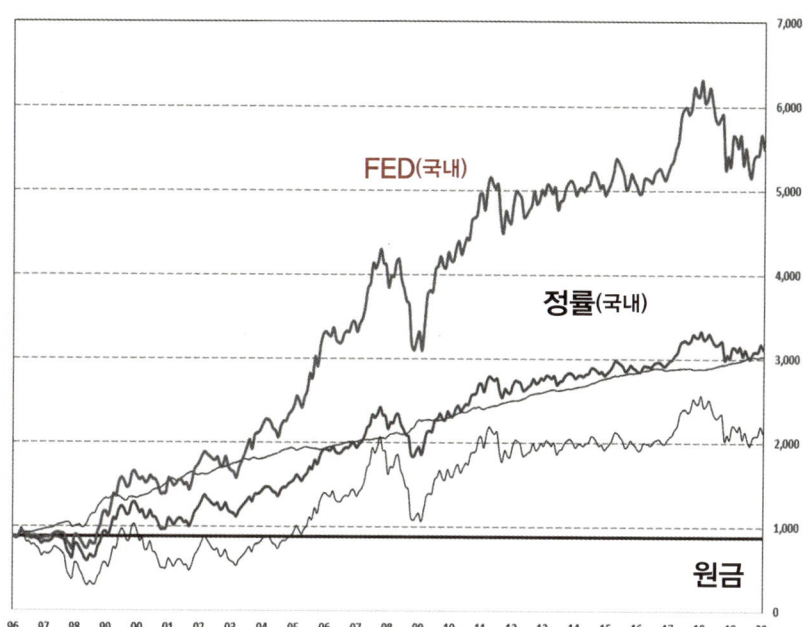

〈그림 7-17〉 FED(국내) 모형 운용 성과 (1996~2020)

FED(국내) 모형은 1996년 1월말에 878.82에서 출발해서 24년이 지난 2020년 1월말에 5497.62가 된다. 총수익률 525.57%, 연복리 7.91%의 운용 성과를 올렸다. KOSPI보다 3378.61만큼 초과수익이 발생했다. 총수익률 384.45%, 연복리 4.19%의 초과수익률을 올렸다. 또 국채(3)보다 2464.51만큼 초과수익이 발생했다. 총수익률 280.43%, 연복리 2.63%의 초과수익률을 올렸다. 또 정률투자법(국내)보다 2378.96만큼 초과수익이 발생했다. 총수익률 270.70%, 연복리 2.51%의 초과수익률을 올렸다.

주식수익률과 채권수익률을 비교하여 수익률이 높은 자산의 비중을 더 많이 보유하도록 리밸런싱한 결과다. 주식 비중과 채권 비중을 항상 50%씩 유지한 정률투자법(국내)보다 훨씬 높은 수익률을 올렸다. 사실 과거의 자료를 가지고 정률투자법을 진행했을 때, 가장 높은 수익률을 거둘 수 있는 주식 비중을 찾을 수도 있다. 하지만 이렇게 찾아낸 주식 비중을 기준으로 삼아도 향후 가장 높은 수익률을 올릴 수 있다고 장담할 수는 없다. 어디까지나 사후 확신 편향일 뿐이다.

주식수익률과 채권수익률을 비교하는 방식은 더 높은 수익률을 보이는 자산에 더 많은 비중을 투자하기 때문에 논리적으로도 타당하다. 따라서 앞으로 시장 상황이 어떻게 변하든 적절하게 대응하기에 바람직한 투자 방법이다. 중앙은행의 기준금리를 조작하기 위해 세웠던 FED 모형을 자산배분의 기준으로 활용하여 뜻하지 않은 수확을 거둔 셈이다.

FED(국제) 모형

앞에서 살펴본 것처럼 TB(5)는 KOSPI와 음(-)의 상관관계를 보이기 때문에 포트폴리오를 구성하기에 매우 훌륭한 조합이었다. 이를 활용하여 국채(3) 대신에 TB(5)를 가지고 FED(국제) 모형을 시뮬레이션 해보자.

KOSPI PER의 역수인 주식수익률에서 TB(5)의 채권수익률을 차감하면 일드갭(국제)이 산출된다. 〈그림 7-18〉에서 일드갭(국제)은 왼쪽 축, 주식수익률과 TB(5)의 채권수익률은 오른쪽 축을 사용한다. 일드갭(국제)이 0보다 크면, 즉 주식수익률이 채권수익률보다 크면 주식투자에 매력이 있다는 의미다. 반대로 일드갭(국제)이 0보다 작으면, 주식수익률이 채권수익률보다 작으면 주식투자에 매력이 없다는 의미다. 우리는 주식과 채권을 배타적으로 선

〈그림 7-18〉 일드갭(국제) (1996~2020)

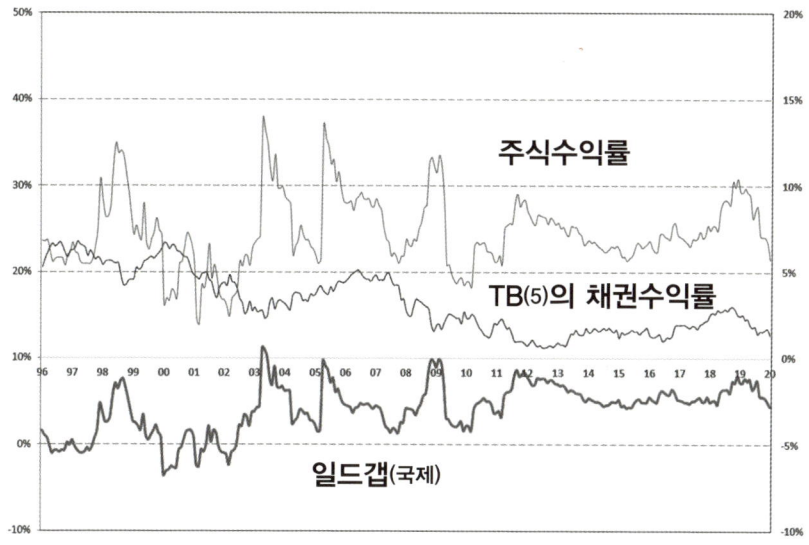

정하는 양자택일을 지양한다. 대신에 일드갭(국제)이 0보다 크면 채권보다 주식의 비중을 더 많이 보유하기로 한다. 반대로 일드갭(국제)이 0보다 작으면 주식보다 채권의 비중을 더 많이 보유하기로 한다.

구체적인 방법은 이렇다. 주식수익률과 채권수익률의 합계를 구한다. 주식수익률을 수익률 합계로 나누어 보유해야 할 주식의 비중을 정한다. 채권수익률을 수익률 합계로 나누어 보유해야 할 채권의 비중을 정한다. 수익률이 높은 자산을 더 많이 보유하겠다는 아이디어다. 일정한 시간이 지나서 주식수익률과 채권수익률이 변동되면 다시 계산된 비중에 맞추어 리밸런싱한다.

⟨표 7-10⟩ FED(국제) 모형 운용 성과 (1996~2020)

구분	2020.01	총수익률	연복리
KOSPI	2119.01	141.12%	3.72%
TB(5)	2990.92	240.33%	5.22%
정률(국제)	3666.82	317.24%	6.11%
FED(국내)	5497.62	525.57%	7.91%
FED(국제)	6715.26	664.12%	8.81%
- KOSPI	4596.25	523.00%	5.09%
- TB(5)	3724.34	423.79%	3.59%
- 정률(국제)	3048.45	346.88%	2.70%
- FED(국내)	1217.64	138.55%	0.90%

FED(국제) 모형은 1996년 1월말에 878.82에서 출발해서 24년이 지난

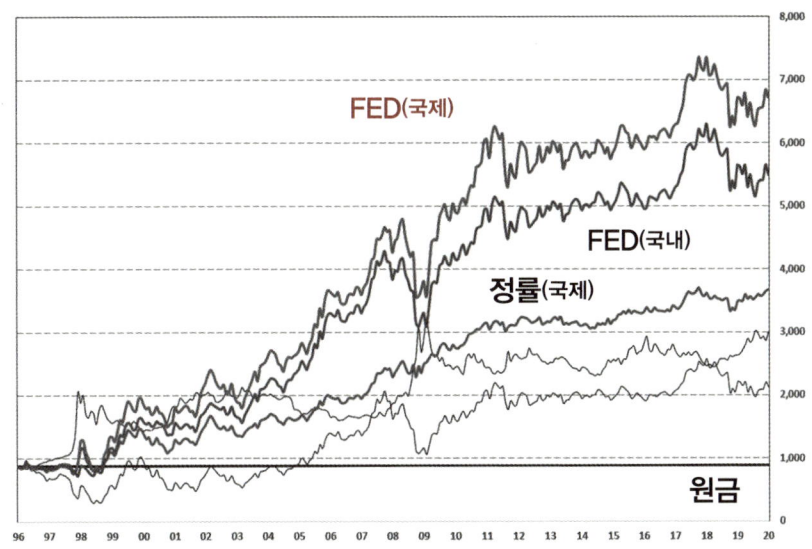

〈그림 7-19〉 FED(국제) 모형 운용 성과 (1996~2020)

2020년 1월말에 6715.26이 된다. 총수익률 664.12%, 연복리 8.81%의 운용 성과를 올렸다. KOSPI보다 4596.25만큼 초과수익이 발생했다. 총수익률 523.00%, 연복리 5.09%의 초과수익률을 올렸다. 또 TB(5)보다 3724.34만큼 초과수익이 발생했다. 총수익률 423.79%, 연복리 3.59%의 초과수익률을 올렸다. 또 정률투자법(국제)보다 3048.45만큼 초과수익이 발생했다. 총수익률 346.88%, 연복리 2.70%의 초과수익률을 올렸다. 또 FED(국내)보다 1217.64만큼 초과수익이 발생했다. 총수익률 138.55%, 연복리 0.90%의 초과수익률을 올렸다.

국채(3) 대신 KOSPI와 음(-)의 상관관계를 갖는 TB(5)로 FED 모형을 시뮬레이션 했더니, FED(국내)보다 훨씬 높은 수익률을 올릴 수 있었다.

신한BNP자산운용 부사장을 역임한 서준식은 《채권쟁이 서준식의 다시 쓰는 주식투자 교과서》에서 이렇게 말했다. "자산배분에서 가치투자자가 가장 많이 사용하는 원칙 투자가 있는데, 바로 일드갭$^{Yield\ Gap}$ 투자다. 일드갭 투자는 채권의 금리와 '1/시장PER'로 계산되는 주식시장의 기대수익률을 비교해 주식 기대수익률이 채권 금리보다 많이 높아지면 주식 비중을 늘리고 그 차이가 좁혀지면 주식 비중을 줄이는 방식이다. 코리아 디스카운트가 심화될수록 다른 나라에 비해 일드갭 투자가 잘 먹히지 않는 경향이 있지만, 가치투자자라면 이것 역시 장기적인 안목에서 기회로 보아야 할 것이다."

전략적 가치투자[1]

《전략적 가치투자》에서는 자산배분 전략과 포트폴리오 전략을 하나로 결합시키는 방법을 제시했다. 이를테면 자산배분 전략에서는 주식 비중과 채권 비중을 동일하게 유지하는 정률투자법을 채택하고, 동시에 포트폴리오 전략에서는 종목별 비중을 1/n씩 유지하는 동일비중 포트폴리오를 채택하는 방식을 생각해볼 수 있다. 이렇게 두 가지 전략을 결합시키는 방법은 셀 수 없을 정도로 무궁무진하다.

여기서는 가장 단순한 몇 가지 기본적인 사례만 살펴보기로 한다. 정률투자법(국내)은 KOSPI와 국채(3)의 비중을 50%로 유지하며 리밸런싱하는 투자법이다. 동일비중 포트폴리오[1]은 KOSPI에 비해 훨씬 높은 운용 성과를 보였다. 전략적 가치투자[1]은 KOSPI 대신에 운용 성과가 높은 동일비중 포트폴리오[1]을 사용하여 정률투자법(국내)을 진행해본 것이다.

〈표 7-11〉 전략적 가치투자[1] 운용 성과 (1996~2020)

구분	2020.01	총수익률	연복리
KOSPI	2119.01	141.12%	3.72%
국채(3)	3033.11	245.13%	5.28%
정률(국내)	3118.67	254.87%	5.40%
동일비중[1]	13354.82	1419.63%	11.96%
전략가치[1]	8034.33	814.22%	9.62%
- KOSPI	5915.32	673.10%	5.90%
- 국채(3)	5001.21	569.08%	4.35%
- 정률(국내)	4915.66	559.35%	4.22%
- 동일비중[1]	-5320.49	-605.41%	-2.34%

〈그림 7-20〉 전략적 가치투자[1] 운용 성과 (1996~2020)

7장 | 자산배분　235

전략적 가치투자[1]은 1996년 1월말에 878.82에서 출발해서 24년이 지난 2020년 1월말에 8034.33이 된다. 총수익률 814.22%, 연복리 9.62%의 운용 성과를 올렸다. KOSPI보다 5915.32만큼 초과수익이 발생했다. 총수익률 673.10%, 연복리 5.90%의 초과수익률을 올렸다. 또 국채(3)보다 5001.21만큼 초과수익이 발생했다. 총수익률 569.08%, 연복리 4.35%의 초과수익률을 올렸다. 또 정률투자법(국내)보다 4915.66만큼 초과수익이 발생했다. 총수익률 559.35%, 연복리 4.22%의 초과수익률을 올렸다. 하지만 동일비중 포트폴리오[1]보다 5320.49만큼 부진했다. 총수익률 605.41%, 연복리 2.34%의 손실이 발생했다.

　　〈그림 7-20〉에서 확인할 수 있듯이 동일비중 포트폴리오[1]의 성과는 변동성이 매우 크다. 채권 비중을 전혀 가져가지 않고 주식 비중이 100%인 동일비중 포트폴리오[1]을 운용하는 것도 나쁘지는 않지만, 변동성이 매우 크다는 것을 염두해야 한다. 반면에 전략적 가치투자[1]은 변동성이 매우 작으면서도 꾸준한 모습을 보인다.

전략적 가치투자[2]

　　FED(국제) 모형은 주식수익률과 채권수익률의 합계를 구하고, 주식수익률을 수익률 합계로 나누어 KOSPI 비중을, 채권수익률을 수익률 합계로 나누어 TB(5) 비중을 결정하는 자산배분 전략이다. 가치가중 포트폴리오는 KOSPI에 비해 훨씬 높은 운용 성과를 보였다. 전략적 가치투자[2]는 KOSPI 대신에 운용 성과가 높은 가치우량주로 구성된 가치가중 포트폴리오[2]를 사용하여 FED(국제) 모형을 진행해본 것이다.

〈표 7-12〉 전략적 가치투자[2] 운용 성과 (1996~2020)

구분	2020.01	총수익률	연복리
KOSPI	2119.01	141.12%	3.72%
TB(5)	2990.92	240.33%	5.22%
FED(국제)	6715.26	664.12%	8.81%
가치가중[2]	75751.31	8519.66%	20.33%
전략가치[2]	74464.33	8373.22%	20.24%
− KOSPI	72345.32	8232.10%	16.52%
− TB(5)	71473.41	8132.88%	15.03%
− FED(국제)	67749.07	7709.09%	11.43%
− 가치가중[2]	−1286.98	−146.44%	−0.09%

〈그림 7-21〉 전략적 가치투자[2] 운용 성과 (1996~2020)

전략적 가치투자[2]는 1996년 1월말에 878.82에서 출발해서 24년이 지난 2020년 1월말에 74464.33이 된다. 총수익률 8373.22%, 연복리 20.24%의 운용 성과를 올렸다. KOSPI보다 72345.32만큼 초과수익이 발생했다. 총수익률 8232.10%, 연복리 16.52%의 초과수익률을 올렸다. 또 TB(5)보다 71473.41만큼 초과수익이 발생했다. 총수익률 8132.88%, 연복리 15.03%의 초과수익률을 올렸다. 또 FED(국제)보다 67749.07만큼 초과수익이 발생했다. 총수익률 7709.09%, 연복리 11.43%의 초과수익률을 올렸다. 하지만 가치가중 포트폴리오[2]보다 1286.98만큼 부진했다. 총수익률 146.44%, 연복리 0.09%의 손실이 발생했다.

주식을 100%로 하는 가치가중 포트폴리오[2]의 성과가 더 좋았지만 그 변동성이 매우 크다. 반면 전략적 가치투자[2]는 변동성이 작고 꾸준히 상승하는 모습을 보인다.

전략적 가치투자[3]

전략적 가치투자[2]는 KOSPI 대신에 운용 성과가 높은 가치우량주로 구성된 가치가중 포트폴리오[2]를 사용하여 FED(국제) 모형을 진행해본 것이다. 연복리 20.24%에 해당할 정도로 엄청난 운용 성과를 올렸다.

이렇게 우수한 투자법이라면 약간의 레버리지를 활용하면 운용 성과를 더욱 높일 수 있을 것이다. 구체적인 방법은 이렇다. 투자를 개시할 때 대출을 받아 투자금을 10% 증액한다. 그런 다음에 매월 대출 이자를 부담하면서 전략적 가치투자[2]를 진행한다. 이렇게 레버리지 1.1배를 적용한 것을 전략

〈표 7-13〉 전략적 가치투자[3] 운용 성과 (1996~2020)

구분	2020.01	총수익률	연복리
전략가치[2]	74464.33	8373.22%	20.24%
전략가치[3]	81822.46	9210.49%	20.71%
– 전략가치[2]	7358.13	837.27%	0.47%

〈그림 7-22〉 전략적 가치투자[3] 운용 성과 (1996~2020)

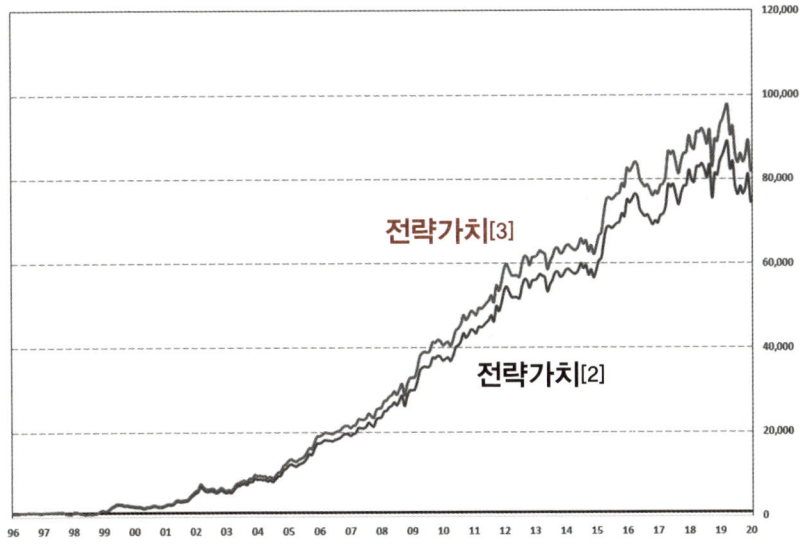

적 가치투자[3]이라고 하겠다.

　전략적 가치투자[3]은 1996년 1월말에 878.82에서 출발해서 24년이 지난 2020년 1월말에 81822.46이 된다. 총수익률 9210.46%, 연복리 20.71%의 운용 성과를 올렸다. 전략적 가치투자[2]보다 7358.13만큼 초과수익이 발생했다. 총수익률 837.27%, 연복리 0.47%의 초과수익률을 올렸다.

주식투자를 할 때 레버리지를 일으키는 것은 대체로 바람직하지 못한 일이다. 기대만큼 운용 성과가 나오지 않으면 큰 손실이 발생할 수 있기 때문이다. 하지만 전략적 가치투자[2]의 사례와 같이 장기간 시뮬레이션을 통해 우수성과 안정성이 검증된 전략인 경우에는 약간의 레버리지를 가미하면 운용성과 개선에 크게 도움이 된다. 레버리지 자체를 나쁘다고 볼 게 아니다. 얼마나 운용 실력이 있는지가 관건이다.

게리 안토나치는 《듀얼 모멘텀 투자 전략》에서 이렇게 말했다. "스마트 베타Smart Beta는 시가총액가중 방식을 사용하지 않는 규칙 기반 전략들을 포괄해서 일컫는 명칭이다. 러셀 인베스트먼트Russell Investments에 따르면 스마트 베타는 세분시장Market Segment이나 요인, 개념 등을 활용해 포트폴리오를 설계하는, 투명하고 규칙에 기반한 전략을 의미한다. 최근 모닝스타는 센스 있게 스마트 베타에 '전략적 베타'라는 이름을 붙여주기도 했다."

7장 | 자산배분

마치며

마치며

이 책을 쓴 목적은 일반투자자가 효과적인 투자 전략을 수립하고 실행하도록 유용한 지침을 제공하는 데 있다. 따라서 이 책에서는 유가증권을 분석하는 기법보다는 투자자로서 지켜야 할 투자원칙과 태도를 주로 다룰 것이다.
독자가 중대한 오류를 범할 수 있는 분야를 피하도록 안내하고, 독자가 편안하게 따를 수 있는 전략을 개발하도록 돕는 것이다.(서문)

이 책을 마치면서 그레이엄이 쓴《현명한 투자자》의 서문을 다시 살펴보았다. 그레이엄은《현명한 투자자》를 쓴 목적이 투자자의 태도나 기질에서 출발하여 궁극적으로는 일반 투자자가 선택하여 실천하기에 손쉬운 투자 전략을 제시하는 것이라고 했다. 여기서 핵심 키워드는 '투자 전략'이다. 그러므로《현명한 투자자》를 읽고 '증권분석'이나, '종목선정'의 기법을 배웠다고 말하는 독자는 그레이엄의 가르침을 잘못 이해한 것이다.

단기적으로 시장이 어떻게 움직일지 예상하기는 어렵지만, 시장 변화에 대응하여 어떤 투자 전략이 유효할지는 충분한 시뮬레이션을 통해 미리 준비할 수 있다. "너는 다 계획이 있구나!"라는 영화 〈기생충〉의 대사처럼, 그레이엄은 "현명한 투자자라면 미리 준비된 투자 전략이 있어야 한다"고 강조한 것이다.

폴 오팔라의 《워렌 버핏처럼 가치투자하라》를 참조하면, 1994년 그레이엄 탄생 100주년을 축하하며 바친 헌사(獻詞)에서 그레이엄이 가르친 것은 심지어 '현명한 투자'도 아니었다고 버핏은 말하고 있다. "기업 소유권으로서의 투자, 미스터 마켓, 안전마진. 이 세 가지 개념들은 앞으로 100년이 지나도 본질적으로 '건전한 투자'의 주춧돌로 남아 있을 것입니다. 이것이야말로 벤저민 그레이엄의 모든 것이었습니다. 벤저민 그레이엄의 핵심은 '현명한 투자'가 아니었습니다. 일시적 유행이나 시류도 아니었습니다. 바로 '건전한 투자'였습니다. '건전한 투자'란 너무 서두르지만 않는다면 누구라도 대단한 부자로 만들어줄 수 있을 정도로 멋진 것입니다. 더욱 멋진 것은 이것이 절대로 사람을 가난하게 만들지 않는다는 것입니다."

그레이엄이 안내하는 것처럼 일반 투자자도 안심하고 진행할 수 있는 건전한 투자 전략을 진행하다 보면, 투자 손실에 대한 두려움이 사라지게 된다. 그래서 언제 어떻게 매매를 해야 할까, 또는 어떻게 하면 상승 추세에 올라타서 수익을 올릴 수 있을까 등의 트레이딩 기법에 한눈 팔지 않고, 투자의 본질인 내재가치를 분석하여 우량기업과 장기적으로 동행하는 가치투자에 충실할 수 있게 여건을 만들어준다. 건전한 투자 전략은 가치투자를 가능하게 만들어 주는 시작이자, 가치투자를 완성시켜주는 마지막이라고 할 수 있다. 이것이 그레이엄이 일반 투자자에게 전하는 메시지이자, 가슴 따뜻한 선물이다.

칼 포퍼$^{Karl\ Popper}$는 《역사법칙주의의 빈곤》에서 이렇게 말했다. "우리가 할 수 있는 일은 기껏해야 인적 요인의 불확실성을 줄이는 것뿐이다. 비판적 분석을 통해 '조금씩 수선하는$^{piecemeal\ tinkering}$' 점진적 사회공학자는 지속적으로 개선할 수 있는 소규모의 재조정을 통해 그 목적을 성취하려고 노력한다. 정치의 과제는 인간의 충동을 조직화하여 전략적으로 올바른 지점에 에너지를 쏟게 하고, 발전의 전 과정을 의도한 방향으로 향하게 하는 데 있다."

이 말을 투자에 적용하면 이렇다. 아무리 좋은 전략이라도 불완전할 수밖에 없는 인간의 특성상 완벽하게 준수하기 힘들다. 따라서 좋은 대안은 인간의 주관적인 개입을 완전히 배제하고 원칙에 따라 투자 전략을 진행하는 포트폴리오 운용 시스템을 갖추는 방식이다. 또 변화에 따라 수시로 새로운 종목이나 전략을 찾아 헤매는 것보다, 지속적으로 조금씩 재조정하는 리밸런싱을 하는 것이 바람직하다. 투자의 과제는 인간의 탐욕을 역으로 설계하여 기대수익률이 높은 투자 대상에 투자 자원을 집중시켜 투자 수익을 극대화하는 것이라고 할 수 있다.

데이비드 스웬슨은 《포트폴리오 성공 운용》에서 이렇게 말했다. "자산배분은 자산군 성격에 대한 하향식$^{Top-Down}$ 평가와 자산군에서의 기회에 대한 상향식$^{Bottom-Up}$ 평가의 결합에 달려 있다. 일류 투자자는 통계적으로 전체 그림을 그린 후에 특정 투자에 대한 밑바닥$^{Ground-Level}$ 수준의 이해를 가미한다."

그레이엄은 탑다운 방식의 자산배분과 바텀업 방식의 포트폴리오 구성을 하나의 시스템으로 결합하는 완벽한 운용 체계를 제시하고 있다. 오늘날에 적용해도 전혀 손색이 없고, 수정할 필요가 없는 세련된 투자법을 무려

70여 년 전에 제시했다는 점은 정말 놀라운 일이다. 공식투자법, RIM, 퀀트, 가치가중 포트폴리오, FED 모형 등 현대 투자 기법의 대부분에서 그레이엄이 뿌린 씨앗의 흔적을 발견할 수 있었다는 사실에 놀라움을 금할 수 없다.

나는 2015년에 스티그 브라더선$^{Stig\ Brodersen}$(김영준)과 프레스턴 피시$^{Preston\ Pysh}$가 엮은《벤저민 그레이엄의 현명한 투자자(요약본)》번역판의 '한국판 특별 부록'에서 이렇게 쓴 적이 있다. "이 책의 출간을 준비하면서 그레이엄을 제대로 이해하고 현재의 한국적 상황을 사례로 설명하는《현명한 투자자》의 해제를 곁들일 계획을 가지고 있었다. 그러나 출판사의 사정으로 진행되지 못했다는 아쉬운 마음을 담아 알린다.《현명한 투자자》에 대해 좀 더 자세하고 충분한 해제를 남길 기회가 오길 기대한다."

이렇게 소망하고도 5년이란 시간이 지났는데, 이번에 큰 결단을 내려준 '국일증권경제연구소'에 감사드린다.《현명한 투자자》를 높은 품질로 다시 번역해서 이번 작업에 큰 도움을 준 번역가 이건 선생님*께 특별히 감사드린다. 해제를 쓴다는 게 부족한 사람이 감당하기에 과분한 작업이라서, 위대한 명저에 누를 끼친 게 아닐까 걱정하는 마음만 가득하다. 최고의 투자 명저인《현명한 투자자》에 대해 해제를 쓰게 되어, 개인적으로 큰 영광으로 생각한다. 독자 여러분의 성공 투자를 기원한다.

― 신진오

---

* 《현명한 투자자 해제》개정판은 이성민 역자의《현명한 투자자》원고로 수정되었다.

벤저민 그레이엄의
생애 요약

그레이엄은 1894년 5월 9일 런던에서 3형제 중 막내로 태어났다. 한 살 때 가족이 뉴욕으로 이주했다. 부친이 도자기를 수입 판매하여 유복하게 자랐다. 1903년 부친이 별세했다. 1907년 모친이 주식투자로 큰 손실을 보았다. 1914년 컬럼비아 대학교 학과 차석으로 졸업했다. 문과 우등생들로 구성된 파이베타카파$^{Phi\ Beta\ Kappa}$ 클럽의 회원이 되었다. 컬럼비아 대학교의 철학과, 수학과, 영어과에서 강의를 맡아 달라고 제의를 받았지만 거절하고 1915년 월가에 발을 들여놓았다.

그레이엄은 41년간 유명한 노던 파이프라인 위임장 경쟁을 비롯하여 활발한 투자 활동을 하였다. 1929년 대공황 당시 70% 수준의 손실을 입은 것을 계기로 안전마진을 중시한 가치투자 철학을 정립한다. 1948년 가이코의 경영권 지분을 매수했다. 한편 컬럼비아 대학교에서 27년간 고급 증권분석 과정을 가르치고, 1956년 은퇴 후 15년간 UCLA에서 강의했다. 버핏을 가르쳤고 고용했다. 1934년《증권분석》, 1949년《현명한 투자자》를 비롯해서 여섯 권의 책을 출간했다. CFA 제도를 제안하고 재무분석사협회를 설립했다.

헤젤, 캐롤, 에스텔과 결혼하고 이혼했다. 다섯 자녀를 두었다. 한국전 참전용사였던 아들 아이작 뉴턴이 1954년 자살하자 수습하기 위해 프랑스에 갔다가 말로와 사랑에 빠졌다. 세 편 이상의 희곡을 썼고, 그 중《베이비 퐁파두(원제는 해병의 진실)》를 브로드웨이에서 공연하기도 했다. 우루과이 소설《휴전》을 번역했다. 말로의 고향인 프랑스 엑상 프로방스에서 말년을 지내다가 1976년 9월 21일에 숨을 거두었다. 뉴욕에 있는 그레이엄의 묘비에는 생전에 가장 좋아했던 시구가 적혀 있다.

"절대 굴하지 말라."

참고도서

[01] 강환국,《할 수 있다! 퀀트 투자》, 에프엔미디어 (2017.09)

[02] 게리 안토나치 Gary Antonacci,《듀얼 모멘텀 투자 전략 Dual Momentum Investing》, 서태준,강환국 번역, 에프엔미디어 (2018.04)

[03] 김성일,《마법의 돈 굴리기》, 에이지21 (2017.03)

[04] 김형호,《펀드매니저가 쓴 채권투자 노트》, 이패스코리아 (2012.02)

[05] 나심 탈렙 Nassim Taleb,《행운에 속지 마라 Fooled by Randomness》, 이건 번역, 중앙북스 (2016.12)

[06] 대니얼 피컷 Danial Pecaut. 코리 렌 Corey Wrenn,《워런 버핏 라이브 University of Berkshire Hathaway》, 이건 번역, 에프엔미디어 (2019.02)

[07] 데이비드 스웬슨 David Swensen,《포트폴리오 성공 운용 Pioneering Portfolio Management》, 김경록, 이기홍 번역, 김&정 (2010.4)

[08] 로버트 마일즈 Robert Miles,《워런 버핏의 스노우볼, 버크셔 해서웨이 101 Reasons to own the World's Greatest Investment》, 손정숙 번역, 부크홀릭 (2009.04)

[09] 로버트 쉴러 Robert Shiller,《비이성적 과열 Irrational Exuberance》, 이강국 번역, 알에이치코리아 (2014.05)

[10] 롤프 모리엔 Rolf Morrien, 하인츠 핀켈라우 Heinz Vinkelau,《워런 버핏 Alles, was Sie über Warren Buffett wissen müssen》, 강영옥 번역, 다산북스 (2019.10)

[11] 리처드 번스타인 Richard Bernstein, 《소음과 투자 Navigate the Noise》, 한지영, 이상민 번역, 북돋움 (2016.11)

[12] 리처드 번스타인 Richard Bernstein, 《순환 장세의 주도주를 잡아라 Style Investing》, 홍춘욱 번역, 에프엔미디어 (2018.05)

[13] 리처드 코너스 Richard J. Connors, 워런 버핏 Warren Buffett, 《워런 버핏 바이블 Warren Buffett on Business》, 이건 번역, 에프엔미디어 (2017.12)

[14] 마이클 모부신 Michael Mauboussin, 《운과 실력의 성공 방정식 The Success Equation》, 이건, 박성진, 정채진 번역, 에프엔미디어 (2019.09)

[15] 마이클 모부신 Michael Mauboussin, 《통섭과 투자 More Than You Know》, 이건, 오인석 번역, 에프엔미디어 (2018.07)

[16] 마크 뷰캐넌 Mark Buchanan, 《우발과 패턴 Ubiquity》, 김희봉 번역, 시공사 (2014.08)

[17] 무크지, 《버핏클럽 Issue 2 Buffett's Evolution》, 에프엔미디어 (2019.06)

[18] 문병로, 《메트릭 스튜디오》, 김영사 (2014.03)

[19] 벤저민 그레이엄 Benjamin Graham, 《벤저민 그레이엄 Benjamin Graham: The Memoirs of the Dean of Wall Street》, 김상우 번역, 굿모닝북스 (2004.09)

[20] 벤저민 그레이엄 Benjamin Graham, 《현명한 투자자 The Intelligent Investor》, 이건 번역, 국일증권경제연구소 (2020.05)

[21] 벤저민 그레이엄 Benjamin Graham, 데이비드 도드 David Dodd, 《증권분석 Security Analysis》, 이건 번역, 리딩리더 (2012.05)

[22] 브루스 그린왈드 Bruce Greenwald, 주드 칸 Judd Kahn, 《가치투자 Value Investing: From Graham to Buffett and Beyond》, 이순주 번역, 국일증권경제연구소 (2002.10)

[23] 서준식, 《채권쟁이 서준식의 다시 쓰는 주식 투자 교과서》, 에프엔미디어 (2018.12)

[24] 세스 클라만^{Seth Klarman}, 《안전마진^{Safety of Margin}》, 윤세욱 번역, VIP자산운용 (2009.04)

[25] 스티그 브라더선^{Stig Brodersen}(김영준), 프레스턴 피시^{Preston Pysh}, 《벤저민 그레이엄의 현명한 투자자^{The Intelligent Investor: A Summary of Benjamin Graham's Original Work}》(요약본), 이건 번역, 북돋움 (2015.11)

[26] 스티븐 그라이너^{Steven Greiner}, 《벤저민 그레이엄의 정량분석^{Ben Graham was a Quant}》, 이광희 번역, 국일증권경제연구소 (2012.03)

[27] 신진오, 《전략적 가치투자》, 이콘 (2009.04)

[28] 신환종, 《글로벌 투자 여행》, 이레미디어 (2020.01)

[29] 앙드레 코스톨라니^{André Kostolany}, 《돈, 뜨겁게 사랑하고 차갑게 다루어라^{Die Kunst, über Geld nachzudenken}》, 김재경 번역, 미래의창 (2015.09)

[30] 애즈워스 다모다란^{Aswath Damodaran}, 《주식 가치평가를 위한 작은 책^{The Little Book of Valuation}》, 정호성 번역, 부크온 (2013.04)

[31] 애즈워스 다모다란^{Aswath Damodaran}, 《투자철학^{Investment Philosopies}》, 이건 번역, 리딩리더 (2013.07)

[32] 앤서니 볼턴^{Anthony Bolton}, 《투자의 전설 앤서니 볼턴^{Investing Against the Tide}》, 손정숙 번역, 부크온 (2018.04)

[33] 앨런 베넬로^{Allen Benello}, 마이클 비머^{Michael Biema}, 토비아스 칼라일^{Tobias Carlisle}, 《집중투자^{Concentrated Investing}》, 이건, 오인석 번역, 에프엔미디어 (2016.10)

[34] 어빙 칸^{Irving Kahn}, 로버트 밀른^{Robert Milne}, 《재무분석의 아버지, 벤저민 그레이엄^{Benjamin Graham, the Father of Financial Analysis}》, 이건 번역, 에프엔미디어 (2019.06)

[35] 에드워드 소프^{Edward Thorp}, 《나는 어떻게 시장을 이겼나^{A Man for All Markets}》, 김인정 번역, 이레미디어 (2019.04)

[36] 에드워드 소프^{Edward Thorp}, 《딜러를 이겨라^{Beat the Dealer}》, 신가을 번역, 이레미디어 (2015.04)

[37] 워런 버핏 Warren Buffett, 《워런 버핏의 주주 서한 The Essays of Warren Buffett》, 로렌스 커닝햄 Lawrence Cunningham 엮음, 이건 번역, 서울문화사 (2015.09)

[38] 웨슬리 그레이 Wesley Gray, 토비아스 칼라일 Tobias Carlisle, 《퀀트로 가치투자하라 Quantitative Value》, 서태준 번역, 에프엔미디어 (2019.08)

[39] 윌리엄 번스타인 William Bernstein, 《투자의 네 기둥 The Four Pillars of Investing》, 박정태 번역, 굿모닝북스 (2009.07)

[40] 윌리엄 번스타인 William Bernstein, 《현명한 자산배분 투자자 The Intelligent Asset Allocator》, 김성일 번역, 에이지21 (2019.10)

[41] 윌리엄 파운드스톤 William Poundstone, 《머니 사이언스 Money Science》, 김현구 번역, 동녘사이언스 (2006.01)

[42] 이완규, 《동일비중 포트폴리오 전략으로 가치투자하라》, 원앤원북스 (2019.06)

[43] 이주영, 《청춘의 투자학》, 굿엔웰스 (2011.09)

[44] 제러미 시겔 Jeremy Siegel, 《주식에 장기투자하라 Stocks for the Long Run》, 이건 번역, 이레미디어 (2015.06)

[45] 제럴드 핀토 Jerald Pinto, 엘레인 헨리 Elaine Henry, 토마스 로빈슨 Thomas Robinson, 존 스토웨 John Stowe, 《주식가치평가 Equity Asset Valuation》, 배연주 번역, 탐진 (2017.05)

[46] 제임스 몬티어 James Montier, 《100% 가치투자 Value Investing: Tools and Techniques for Intelligent Investment》, 김상우 번역, 부크온 (2013.02)

[47] 조던 엘렌버그 Jordan Ellenberg, 《틀리지 않는 법 How Not to Be Wrong》, 김명남 번역, 열린책들 (2016.04)

[48] 조엘 그린블라트 Joel Greenblatt, 《주식시장을 이기는 작은 책 The Little Book That still Beats the Market》, 안진환 번역, 알키 (2011.06)

[49] 조엘 그린블라트 Joel Greenblatt, 《주식시장을 이기는 큰 비밀 The Big Secret for the Small Investor》, 이상건, 이승아 번역, 알키 (2012.01)

[50] 조현철, 《투자자가 된 인문학도》, 지식노마드 (2018.07)

[51] 존 미하일레비치 John Mihaljevic, 《가치투자 실전 매뉴얼 The Manual of Ideas》, 이건 번역, 북돋움 (2014.09)

[52] 존 리 John Lee, 《엄마, 주식 사주세요》, 한경비피 (2016.06)

[53] 찰스 엘리스 Charles Ellis, 《나쁜 펀드매니저와 거래하라 Winning the Loser's Game》, 이건 번역, 중앙북스 (2010.06)

[54] 칼 포퍼 Karl Popper, 《역사법칙주의의 빈곤 The Poverty of Historicism》, 이한구, 정연교, 이창환 번역, 철학과현실사 (2016.03)

[55] 켄 피셔 Ken Fisher, 라라 호프만스 Lara Hoffmans, 《주식시장은 어떻게 반복되는가 Markets Never Forget》, 이건, 백우진 번역, 에프엔미디어 (2019.06)

[56] 켄 피셔 Ken Fisher, 제니퍼 추 Jennifer Chou, 라라 호프만스 Lara Hoffmans, 《3개의 질문으로 주식시장을 이기다 The Only Three Questions that Count》, 우승택 번역, 비즈니스맵 (2008.07)

[57] 크리스토퍼 마이어 Christoper Mayer, 《딜메이커처럼 투자하라 Invest like a Dealmaker》, 김중근 번역, 프롬북스 (2008.11)

[58] 크리스토퍼 브라운 Christopher Browne, 《가치투자의 비밀 The Little Book of Value Investing》, 권성희 번역, 흐름출판 (2007.05)

[59] 테드 윌리엄스 Ted Williams, 《타격의 과학 The Science of Hitting》, 김은식 번역, 이상 (2011.04)

[60] 트렌 그리핀 Tren Griffin, 《워렌 버핏의 위대한 동업자, 찰리 멍거 Charlie Munger: the Complete Investor》, 홍유숙 번역, 처음북스 (2015.12)

[61] 패트릭 오쇼너시 Patrick O'Shaughnessy, 《밀레니얼 머니 Millennial Money》, 한지영 번역, 새로운제안 (2017.10)

[62] 폴 오팔라 Paul Orfalea, 《워렌 버핏처럼 가치투자하라 The Entrepreneurial Investor》, 손정숙 번역, 부크온 (2012.09)

[63] 프레더릭 반하버비크 Frederik Vanhaverbeke, 《초과수익 바이블 Excess Returns》, 이건, 서태준 번역, 에프엔미디어 (2017.06)

[64] 피터 린치 Peter Lynch, 존 로스차일드 John Rothchild, 《전설로 떠나는 월가의 영웅 One Up on Wall Street》, 이건 번역, 국일증권경제연구소 (2017.04)

[65] 필립 피셔 Phillip Fisher, 《보수적인 투자자는 마음이 편하다 Conservative Investors Sleep Well》, 박정태 번역, 굿모닝북스 (2005.07)

[66] 하워드 막스 Howard Marks, 《투자에 대한 생각 The Most Important Thing》, 김경미 번역, 비즈니스맵 (2012.09)

[67] 홍춘욱, 《돈 좀 굴려봅시다》, 스마트북스 (2012.06)

색인

A

APS Asset Per Share(주당총자산) 65, 67, 70

B

BEP Break-Even Point(손익분기점) 86

BPS Book-Value Per Share(주당순자산) 62, 63, 65, 102, 103, 104

C

CAPM Capital Asset Pricing Model(자본자산가격결정모형) 26

CB Convertible Bond(전환사채) 112, 124, 126

CD Certificate of Deposit(양도성정기예금증서) 113, 115, 116

CDO Collateralized Debt Obligation(부채담보부증권) 129

CDS Credit Default Swap(신용부도스와프) 129

CMA Cash Management Account(현금운용계좌) 113, 115, 116

CP Commercial Paper(기업어음) 115, 116

D

DCF Discounted Cashflow Model(현금흐름할인모형) 72, 78, 138

DDM Discounted Dividend Model(배당할인모형) 79

DLS Derivative Linked Securities(파생결합증권) 129, 130

DPS Dividend Per Share(주당배당금) 79, 80, 112

E

EPS Earning Per Share(주당순이익) 42, 43, 44, 45, 47, 48, 50, 54, 55, 56, 58, 59, 61, 62, 63, 65, 67, 68, 70, 71, 72, 74, 78, 79, 80, 81, 120

F

FED모형 FED Model(연준모형 또는 그린스펀 모형) 227, 230, 231, 232, 233, 236, 238, 247

G

GGM Gordon Growth Model(고정성장모형 또는 고든모형) 79, 80

I

IPO Initial Public Offering(신주공모) 136

IQ Intelligence Quotient(지능지수) 13, 14, 15

K

KIKO Knock-In Knock-Out 128

L

LTCM Long-Term Capital Management(롱텀캐피털 매니지먼트) 15

M

MMF Money Market Fund(단기금융펀드) 113, 115, 116, 196

MVO Mean-Variance Optimization(평균-분산 최적화 모형) 177, 196

N

NCAV Net Current Asset Value(순유동자산) 75, 122, 135, 143, 146, 147, 148, 149, 150

P

PBR Price Book-Value Ratio(주가순자산배수) 51, 81, 103, 104, 119, 120, 121, 151

PEG Price Earnings to Growth Ratio(PER성장률배수) 75, 77

PER Price Earning Ratio(주가이익배수) 42, 43, 44, 46, 47, 48, 50, 52, 54, 55, 56, 58, 61, 62, 63, 67, 68, 70, 71, 72, 73, 74, 75, 77, 78, 79, 80, 81, 88, 89, 119, 120, 137, 150, 151, 227, 231, 234

R

RIM Residual Income Model(초과이익모형) 72, 100, 101, 102, 103, 138

ROA Return On Assets(총자산이익률) 65, 67, 70, 122, 123, 151

ROE Return On Equity(자기자본이익률) 62, 63, 65, 89, 94, 95, 96, 101, 102, 103, 104, 119, 122, 123, 134, 192

RP Repurchase Agreement(환매조건부채권) 113, 115, 116

RQ Rationality Quotient(이성지수) 15

S

SPAC Special Purpose Acquisition Company(기업인수목적회사) 134

T

TIPS Treasury Inflation-Protected Securities(물가연동국채) 133

김성일 223

김형호 127

ㄱ

가격가중 Price Weighted 162

가격 스프레드 Price Spread 90, 98

가이코 GEICO 77, 157

가치가중지수 Value Weighted Index 180

가치비율 Value Ratio 178

강환국 147, 148, 150, 151

게리 브린슨 Gary Brinson 193

게리 안토나치 Gary Antonacci 177, 240

경기순환주기 Business Cycle 54

경기조정PER Cyclically Adjusted PER 62

경상EPS Ordinary EPS 48, 50, 67

경상PER Ordinary PER 46, 48, 50, 68

경상이익 Ordinary Profit 48, 70

경쟁기업 Peer Group 72

경제적 해자 Economic Moat 89, 97, 102, 121, 200

계량적 투자 공식 Quantitative Trading Formula 151

공식투자법 Formula Plan 247

구성의 오류 Fallacy of Composition 114

기질 Temperament 15, 17, 24, 244

기하평균 Geometric Mean 60, 63, 65, 70

ㄴ

나심 탈렙 Nassim Taleb 153

내재가치 Intrinsic Value 23, 25, 34, 51, 72, 78, 79, 90, 92, 94, 95, 96, 97, 98, 99, 100, 101, 102, 103, 137, 138, 167, 172, 177, 178, 182, 183, 184, 186, 188

능력 범위 Circle of Competence 126

니콜라스 몰로돕스키 Nicholas Molodovsky 58

ㄷ

대니얼 피컷 Danial Pecaut 11, 14, 31, 75, 137, 246

대리 장세 (代理 場勢) 33

대수의 법칙 Law of Large Numbers 24

데이비드 도드 David Dodd 8

데이비드 드레먼 David Dreman 68

데이비드 스웬슨 David Swensen 176, 193, 246

데이터 사이언스 Data Science 143

동일비중 Equal Weighted 172, 174, 175, 176, 177, 178, 181, 182, 186, 188, 234, 236

ㄹ

랄프 프리전 Ralph Friedgen 112

로버트 마일즈 Robert Miles 194

로버트 밀른 Robert Milne 9

로버트 쉴러 Robert Shiller 62, 227

로저 이봇슨 Roger Ibbotson 193

롤프 모리엔 Rolf Morrien 10

리처드 번스타인 Richard Bernstein 27, 52

ㅁ

마이클 모부신 Michael Mauboussin 60, 61, 68, 160, 180

마이클 비머 Michael Biema 181

마켓타이밍 Market Timing 176

마크 뷰캐넌 Mark Buchanan 16, 54

마크 트웨인 Mark Twain 12

매입보유법 Buy and Holding 198, 200, 202, 209, 210, 211, 212

모델 포트폴리오 MP, Model Portfolio 174

목표주가 Target Price 23, 72

몰로돕스키 효과 Molodovsky Effect 58

무성장기업 No-Growth Company 74

문병로 18, 73, 157

ㅂ

방어적 투자자 The Defensive Investor 108, 112, 113, 117, 122, 124, 126, 133, 137, 148

배당성향 Dividend Pay-Out Ratio 80

배당수익률 Dividend Yield 134, 136

배제법 Negative Approach 16, 113, 124, 126

버크셔 해서웨이 Berkshire Hathaway 11, 14, 31, 77, 137, 161, 194

벤저민 그레이엄 Benjamin Graham 8, 9, 143, 180, 181, 245

벤치마크 Bench Mark 162, 163, 166, 170, 175, 186, 195, 200, 217, 221

변율투자법 Variable Ratio Plan 197, 206, 211, 212, 215

브루스 그린왈드 Bruce Greenwald 151

비이성적 과열 Irrational Exuberance 227

ㅅ

사내유보율 Company Reserve Rate (내부유보율 또는 재투자율) 79

섀넌의 도깨비 Shnnon's Demon 205

서브 프라임 모기지 자산 Sub-Prime Mortgage Asset 129

서준식 134, 234

세스 클라만 Seth Klarman 99

수의상환부 채권 Callable Bond 112

스마트 베타 Smart Beta 240

스티그 브라더선 Stig Brodersen 247

스티븐 그라이너 Steven Greiner 143, 180, 181

시가총액가중 Market Value Weighted 162, 166, 167, 170, 172, 174, 175, 181, 182, 184, 185, 240

신환종 131

실력의 역설 Paradox of Skill 160, 161

ㅇ

안전마진 Margin of Safety 11, 25, 73, 84, 85, 86, 87, 88, 89, 90, 91, 92, 93, 94, 96, 97, 98, 99, 100, 101, 102, 109, 177

안전자산으로의 도피 Flight to Safety 131

앙드레 코스톨라니 André Kostolany 50, 52

애즈워스 다모다란 Aswath Damodaran 36, 37, 60

액티브 펀드 Active Fund 160, 161, 162, 163, 176

앤서니 볼턴 Anthony Bolton 33, 37

앨런 베넬로 Allen Benello 181

어빙 칸 Irving Kahn 9

오일러수 Euler's Number 77

용대리(勇代理) 32

워런 버핏 Warren Buffett 10, 11, 14, 31, 75, 76, 99, 125, 137, 180, 194

웨슬리 그레이 Wesley Gray 146, 150, 153

윌리엄 번스타인 William Bernstein 8, 124, 136, 192, 193, 196, 197, 204, 205

윌리엄 제임스 William James 16

윌리엄 파운드스톤 William Poundstone 205

유사비교법 Comparable Approach 72

유진 파마 Eugene Fama 51

이완규 176

이주영 29

일드갭 Yield Gap 87, 88, 90, 98, 227, 228, 231, 232, 234

ㅈ

자국편향 Home Country Bias 133

자본화계수 Capitalization Factor 81

자산배분 Asset Allocation 114, 131, 193, 194, 195, 196, 197, 198, 200, 205, 218, 221, 223, 230, 234, 236, 246

적극적 투자자 The Active Investor 52, 108, 123, 124, 126, 133, 134, 135, 136, 138

적정PBR Justified PBR 81, 103, 104

적정PER Justified PER 71, 72, 73, 74, 75, 77, 78, 80, 81

적정주가 Fair Value 71, 72, 73, 80, 104

전략적 가치투자 234, 236, 238, 239, 240

정규분포 Normal Distribution 68

정량매수 적립식 CSP, Constant Share Purchase 215

정률투자법 Constant Ratio Plan 197, 202, 204, 206, 209, 211, 212, 215, 221, 222, 230, 233, 234, 236

정상EPS Normalized EPS 67, 68, 70, 74, 81

정상PER Normalized PER 67, 68, 70, 137

정액매수 적립식 CDP, Constant Dollar Plan 10, 19, 213, 215, 216, 217

제러미 시겔 Jeremy Siegel 166

제럴드 핀토 Jerald Pinto 58

제이슨 츠바이크 Jason Zweig 12, 76

제임스 몬티어 James Montier 146

조던 엘렌버그 Jordan Ellenberg 33

조엘 그린블라트 Joel Greenblatt 9, 98, 178, 180

조현철 195

존 리 John Lee 30

존 미하일레비치 John Mihaljevic 24, 76, 95

존 보글 John Bogle 161

존 케인스 John Keynes 100

종목선정 Stock Selection 17, 18, 37, 98, 117, 119, 143, 157, 174, 186, 194, 195, 244

주드 칸 Judd Kahn 151

주식수익률 Earnings Yield 44, 45, 88, 89, 101, 227, 228, 230, 231, 232, 236

지식 Knowledge 24, 136

ㅊ

찰리 멍거 Charlie Munger 76, 100

찰스 다우 Charles Dow 161

찰스 엘리스 Charles Ellis 60, 110

채택법 Positive Approach 16

초과수익 Excess Return 51, 161, 163, 170, 174, 175, 178, 182, 186, 187, 188, 200, 204, 205, 209, 212, 217, 219, 222, 224, 225, 230, 233, 236, 238, 240

추세추종 Trend-Following 172, 176

ㅋ

칼 포퍼 Karl Popper 246

컨센서스 Consensus 72, 73

켄 피셔 Ken Fisher 53, 194

켈리 공식 Kelly Formula 180, 181

켈리 기준 Kelly Criterion 180, 181

코리 렌 Corey Wrenn 11, 14, 31, 75, 137

퀀트 Quantitative 119, 122, 143, 148, 150, 151, 152, 153

크리스토퍼 마이어 Christoper Mayer 18, 181

크리스토퍼 브라운 Christopher Browne 15, 25, 87

클로드 섀넌 Claude Shannon 205

키스 스타노비치 Keith Stanovich 15

ㅌ

테드 윌리엄스 Ted Williams 124,125

토비아스 칼라일 Tobias Carlisle 146, 150 ,153 ,181

투자 원칙 Investment Principle 22 ,23, 36, 97, 99, 178

투자자의 태도 Investor's Attitude 17, 22, 244

투자 전략 Investment Strategy 17, 36, 52, 55, 56, 61, 108, 121, 143, 176, 244, 245

투자 철학 Investment Philosophy 36, 37

트렌 그리핀 Tren Griffin 76, 100

트루먼 우드 Truman Wood 10

ㅍ

패트릭 오쇼너시 Patrick O'Shaughnessy 30

펀더멘털 Fundamental 25, 50, 52, 78, 80, 89, 104, 172, 177

평균EPS Average EPS 59, 61, 62, 63, 65, 67, 68

평균PER Price Average-Earning Ratio 50, 61, 63, 65, 67, 68

평균투자법 DCA, Dollar Cost Average 215

폴 오팔라 Paul Orfalea 86, 94, 245

폴 캐플런 Paul Kaplan 193

프레더릭 반하버비크 Frederik Vanhanerbeke 37, 58, 68

프레스턴 피시 Preston Pysh 247

피터 린치 Peter Lynch 74, 75

피터 번스타인 Peter Bernstein 161

필립 피셔 Philip Fisher 110

ㅎ

하워드 막스 Howard Marks 53, 99, 109, 113

하트만 버틀러 Hartman Butler 2세 10

핫핸드 Hot Hand 33

해리 마코위츠 Harry Markowitz 156, 177, 195

홍춘욱 217, 218, 225

회수기간법 Payback Period Method 43

효율적 시장 가설 Efficient Market Hypothesis, EMH 51, 205

현명한 투자자 해제

초 판 1쇄 발행·2020년 5월 26일
개정판 1쇄 발행·2025년 7월 1일

지은이·신진오
펴낸이·이종문(李從聞)
펴낸곳·(주)국일증권경제연구소

등 록·제406-2005-000029호
주 소·경기도 파주시 광인사길 121 파주출판문화정보산업단지(문발동)
영업부·Tel 031)955-6050 | Fax 031)955-6051
편집부·Tel 031)955-6070 | Fax 031)955-6071

평생전화번호·0502-237-9101~3

홈페이지·www.ekugil.com
블 로 그·blog.naver.com/kugilmedia
페이스북·www.facebook.com/kugilmedia
E-mail·kugil@ekugil.com

·값은 표지 뒷면에 표기되어 있습니다.
·잘못된 책은 구입하신 서점에서 바꿔드립니다.

ISBN 978-89-5782-243-2(03320)